의열단·민족혁명당·조선의용대의 영혼
윤세주

의열단·민족혁명당·조선의용대의 영혼 윤세주

| **김영범** 지음 |

글을 시작하며

2년 전인 2011년, 천안 독립기념관에 석정 윤세주 어록비가 세워졌다. 6월 24일의 제막식 현장에서 법정 최후진술의 핵심 대목 어구들이 반듯하게 서각된 모습으로 눈앞에 처음 펼쳐졌다. 당당무비의 웅변으로 분출되던 정의의 기백, 불굴의 투혼이 꼭 90년 만에 그대로 되살아나는 느낌이었다. '이제야'라고 할 만큼 지체되었음은 부인할 수 없지만, 그의 어록비 건립 자체는 여러모로 뜻 깊고 경하할 일이었다.

1980년대 말 이후의 새로운 인식지평 속에서 지금까지 축적되어온 연구 성과는 윤세주가 한국독립운동의 큰 별 중의 하나 되는 인물이었음을 넉넉히 입증해주고 있다. 자기 시대의 역사적 과제가 무엇이고 민족의 진로가 어떠해야 하는지를 명확히 인식하고서 자신의 입지와 진로를 정해놓고 독립운동의 여러 흐름에 뛰어들어 종횡무진의 다대한 역할을 해내며 큰 공적을 이룬 이였다.

무엇보다도 그는 조선의용대 지도자로서 한·중 공동항일의 현장이던 중국 땅 화북전선에서 장렬히 전사한 '항일열사'로 널리 인지되고 있다. 하지만 그 이상으로, 폭넓은 활동반경 속에서 아주 다채로운 이력을 가졌던 비범한 인물이 윤세주, 그 사람이었다.

1920년대 이래로 독립운동 진영의 숙원이던 유일당적 대동단결체로서 민족혁명당을 탄생시킨 산파였고, 그 연장선에서 탁월한 조직가에 능란한 조정자 역할까지 담임해낸 그였다. 넓게 열린 시야와 치밀한 논리로 뒷받침된 글들을 명징한 필치로 써내는, 당내 최고의 이론가이자 신뢰받는 선전책임자이기도 했다.

　뿐만 아니라 그는 의열단 운동사 17년의 시작과 끝을 약산 김원봉과 함께 열고 닫은 역전의 용장으로서, 그 감투정신의 화신이었다. 그렇게 선후 연결된 운동행로 속에서 그는 의열단, 민족혁명당, 조선의용대가 각각 설립·운영했던 간부훈련기관에서 적어도 200명 이상의 한인청년들을 정예의 항일투사로 길러내고 민족간부로 성장시킨 일급 조련사요, 존경받는 스승이기도 했다.

　중국 망명 전의 윤세주는 국내 여건에서 가능한 모든 방략과 수단을 취하고 동원하여 일제 식민지통치에 저항하고 맞서 싸워간 불굴의 투쟁가요 지혜로운 전략가였다. 스무 살에 독립만세 시위를 기획하고 주도했으며, 법정과 감옥에서도 저항과 투쟁을 멈추지 않았다. 불의한 권력에 언제 어디서건 대항하는 드높은 기개를 보여주었다. 감옥을 나와서는 합법공간을 최대로 활용하여 청년운동과 신간회운동의 진전과 성공을 위해 전심전력 헌신함과 아울러 항일언론투쟁도 과감히 전개하였다.

그처럼 윤세주의 일평생 걸음걸음은 독립운동의 수다한 노선과 영역들에 두루두루 미치고 걸쳐있었다. 열거해보면 비밀결사운동, 만세시위운동, 의열투쟁, 사회운동, 언론투쟁을 거쳐, 민족전선통일운동, 혁명당조직운동, 민족간부양성운동, 민중조직구축운동, 군사운동과 무장투쟁, 그리고 반제국주의 국제연대에 이르기까지, 진정 폭넓고도 광활한 것이었다. 그렇게 그의 삶과 땀은 근대인적 자유와 민족해방과 조국독립 쟁취의 가시밭길에 그대로 다 바쳐졌고, 어느새 걸출한 민족운동가, 빼어난 혁명이론가, 항일전선 최선봉의 지휘전사로 우뚝 서게 되었던 것이다. 그 전체 행로를 한 구절로 요약한다면, 신념과 실천의 합일로써 의열정신을 구현해낸 민족혁명가였다고 말할 수 있다.

윤세주가 굳건히 걸어간 독립운동 행로와 그 공적을 사실 그대로 구명하며 전체적으로 재조명하고 그 역사적 의미도 추려내 볼 이유와 필요성이 그래서 주어진다. 그것이 그에 대한 올바른 이해, 제대로의 평가, 합당한 기억의 전제이기도 할 것이다. 나아가 그의 개성적 풍모 속의 인품과 정신의 높이까지도 자세히 알아내고 되새겨본다면, 큰 울림을 주는 교훈들을 분명 여럿 얻게 될 것임을 확신한다.

이런 생각으로 저자는 이 저술을 감당하려는 욕심을 내보았다. 어떤 희원 또는 책무감이 주저함과 미루기를 그만 접게 하였다. 윤세주가 평생 밟아간 길과 그것이 낳은 공적 및 유훈을 이쯤서 한번 재정리하고 대중적 인식의 제고도 기해봐야 하지 않겠는가 하는 생각인 것이었다.

이 방면 동학들의 수준 높은 연구 성과들이 근래에 나와 있으니, 이제는 어느 정도의 종합이 가능해보였다. 행운으로 여기며 재독하여 참고했고, 묵은 자료들도 꺼내어 다시 검토하면서 새로운 해석과 이해 확장의 여지를 찾아보았다. 최대한의 사실 복원과 설득력 있는 재구성에 목표를 두고 시간순차를 따라가는 생애사적 접근을 기본으로 하되, 세부 사실과 부분적 일화들을 거시적 맥락과 전체적 흐름에 조응시켜 배치하고 해석하려 해보았다.

기왕 새 전기를 써낸다고 하는 바에야 사실 나열의 밋밋 건조한 일대기로 그치기보다, 윤세주의 삶과 존재 자체에 밀착하듯 다가서며 그 내면도 좀 들여다볼 수 있는 통로가 되기를 희망했다. 그래서 회상록 혹은 소설풍의 장치도 약간씩 도입해봤고, 때로는 과감한(그러나 이유 있는) 상상도 불사하여 해설과 평언에 섞어보았다. 마구잡이로 그리 한 것은 아니지만 그래도 어설픈 구석이 보일 것이고, 엄정한 학문적 견지에서 비판 받을 소지도 있을 터이다. 하지만 그럴지라도 빈틈을 최소화하고자 하는 전략으로 전후연관의 최대 복원을 꿈꾸다보니 그리 되었음도 감히 말해두고자 한다.

그런 의도들이 얼마만큼 효과를 내고 결과물로 뒷받침되었을지는 저자 자신도 장담하기 어렵다. 끝내 풀리지 않는 '수수께끼'가 여전히 몇 개 남아 있으니, 그 공백이 허전하고 안타까운 바도 없지 않다. 완전히 '소설'을 쓰려던 게 아닌 한에서는 적정선의 자기 제어도 필요했다는 말로 변명해둔다. 자료를 더 찾아 확보하고 계속 고구해 봄에 의해 추후 보완할 것임을 약속한다.

이 책을 준비하고 써가는 중에 흔치않은 경험이 있었음을 고백하고 싶다. 전에는 사소하게 여기어 무심히 넘겨버렸거나 과장된 얘기로만 치부했던 한 줄의 기사나 단편적 기록들이 이번에는 우르르 일어서서 제 자리를 찾아가 아귀맞춰 앉는 것이었다. 그리고는 그것들이 윤세주

생애와 인간상의 새로운 이해에 중요한 단서가 되어주고, 전체상 복구에도 제 나름의 몫을 하던 것이다. 즐겁고도 경이로운 경험이었고, 기쁘게 작업을 끝내는 소감의 원천이다. 그런 느낌이 독자들에게도 오롯이 전해졌으면 하는 바람과 함께, 윤세주의 삶의 행로, 공적, 인간상, 그 모두에 대한 재인식에 졸저가 작은 거름이라도 되기를 기대해본다.

　다수의 참고자료와 논저들로부터 도움을 얻었음에도 책 체제상 전거를 일일이 명기하지 못하니, 여기서 일괄 사의를 표하고자 한다. 이 책 저술의 계기를 주었으며 늦어지는 원고를 적절히 독려하고 책망 없이 기다려준 한국독립운동사연구소의 관계자 여러분께 감사한다. 가전 자료와 답사기회 제공으로 도움을 주신 윤명화 님과 유종현 회장께도 감사하는 바이다.

2013년 7월

김 영 범

차례

01 출생과 성장

미리벌의 정기 받고 태어난 '작은 용'

윤세주는 1900년 6월 24일, 경상남도 밀양군 성내城內 노하路下골에서 태어났다. 고려 예종 때 사람 양비良庇를 중시조로 하는 무송茂松 윤씨 대사성공파大司成公派 24세손 윤희규尹熹奎(1859~1930)와 경주 김경이金卿伊(1856~1936) 부부 슬하의 4남 1녀 중 막내로였다.

가문의 원래 세거지는 경남 함안이었는데, 세주의 8대조 이빙以聘이 영조英祖 연간에 옮겨와 터 잡고부터 누대로 밀양에서 살아왔다. 노하골은 1914년 일제의 행정구역 개편 때 밀양군 부내면府內面 내이동內二洞의 일부로 편제되었다. 현재는 밀양시 내이동이고, 밀양역에서 차편으로 10분 정도 거리의 시내 중심부 위치이다.

밀양은 전형적인 배산임수, 북산남야北山南野의 지세를 보여준다. 북쪽으로 화악산과 운문산, 동쪽으로 재악산과 가지산이 높게 버티고 있으면서 남쪽의 낙동·밀양 두 강 유역의 하남·상남 드넓은 평야를 감싸

밀양의 산과 강과 들

안아 지켜준다. 멀리서 보면, 승천 직전의 미르('용'의 순 우리말)가 똬리 틀고 웅크린 모습도 연상시킨다. 그래서 이 고장의 본래 이름은 미르벌(모음동화로 미리벌)이었고, 그것이 한자 표기로 '밀성密城'과 '밀주密州'를 거쳐 '밀양'으로 정착된 것이다.

고려 명종 때의 학자 시인이던 임춘林椿은 밀양을 둘러보고 지은 시에서 '산 많고 아름다운 고을', '들이 기름지고 예의 풍속이 있는 고을', '인물 뛰어나고 유자儒者 많은 고을'이라고 상찬했다. 조선시대 들어서도 밀양은 고명한 유학자를 많이 배출하여 사족의 고장이 되었다. 1930년대의 한 신문이 밀양을 가리켜 '반도의 승지勝地', '남도의 보고寶庫', '영남의 중추'로 일컬어 평언한 데도 그만한 이유가 있었던 것이다.

이 고장 출신의 조선 성종 때 문신이던 점필재佔畢齋 김종직金宗直은 절의파節義派의 대학자로서 일대 종사宗師의 자리를 굳히어 영남 사림파의 한 전통을 우뚝 세웠다. 일상적 생활윤리로서 유교가 수행해야 하는 기능으로 사회적 교화를 강조했던 그는 단종을 애도한 「조의제문弔義帝文」을 지었던 일로 연산군 때 사후 참소를 입고 부관참시 당하였다('무오사화').

이 일로 김종직은 불의한 권력의 대극에 선 정의로운 정신의 상징으로 여겨지게 되었다. 그 후로 밀양의 유림들은 그의 도의와 충직을 삶의 모범으로 삼고, 그의 정신을 기려서 본받으려 애썼다. 그래서 밀양은 유교적 절의 정신이 전통으로 뿌리박힌 고장이라는 자부심이 강하다. 임진왜란과 정유재란 때는 밀양 출신인 사명대사四溟大師 휴정休靜이 승병을 일으켜 왜구를 격퇴하고 호국의 큰 공적을 세웠다. 이러한 사적들을 밀양인 누구나 자랑스러워하고, 늘 입에 올리며 후대로 전승시켰다.

그런 정신적 기풍과 더불어 양반문화가 발달해 있던 밀양에서 윤세주 가문이 일어서고 이름을 내기 시작한 것은 구한말 들어서였다. 족보에 따르면, 조부 윤병흡尹秉洽(1826~1885)은 사헌부司憲府 감찰監察을 지냈고, 부친 윤희규는 1893년 무과武科 병과丙科에 급제하여 마지막에는 통정대부通政大夫 직함에 이르렀다. 윤희규가 1906년에 황실 시종원侍從院의 시종으로 임명됨을 보여주는 『관보』 자료도 있다.

그런데 다른 한편으로, 윤희규가 1897~1902년간에 밀양 군아郡衙의 서리胥吏였음을 말해주는 관찬기록들이 있다. '밀양리密陽吏 윤희규'와 수년간 답송畓訟을 벌이고 있던 이병서李炳緖가 1907년에 상대를 규탄하는 고발성 광고를 연이틀 신문에 냈던 것도 눈에 띤다. 다소간 혼란스럽고

의아심도 드는 이력인데 어쨌든 종합해보면, 그는 몇 년 사이에 지방 말직으로부터 황실 내직으로 일약 승품 진출할 만큼 세사에 밝고 수완도 좋은 인물이었음을 알 수 있다.

그렇게 중앙 관직으로 나아가며 보란 듯이 지위 상승을 성취했으니, 그는 밀양 고을에서 세도 있는 반가班家로 대접받을 만했다. 아마 그래서 그의 집을 동리 사람들이 '윤향수댁尹鄕首宅'이라 칭하며 우러렀던 것일 테고, 해마다 김장때면 소금 일곱 포대를 쓰고 이레 동안 김치를 담가야 하는 대가족을 이루고도 있었다.

관찬기록대로라면 밀양 군아 서리이던 때인 1900년에 윤희규가 7년 만에 다시 얻은 아들이 세주였다. 그 후로 윤희규는 출세하여 가운을 일으키게 되었던 것이니, 그에게 세주는 흔한 말로 '복덩이'가 아니었을 수 없다. 그만큼 사랑을 많이 주고 기대도 컸을 것이다.

여기서 윤세주의 생년에 관한 혼선을 정리하여 바로잡을 필요가 있겠다. 그의 생년을 1901년으로 표기해 놓은 기록들이 더러 있어서이다. 제적부와 정부 공훈록 그리고 중국에 세워진 묘비문이 그렇다. 공식 행사나 각종 간행물에서도 그해 준해 '주년'이 설정되곤 한다.

하지만 그의 동향 친우였고 평생 동지였던 약산若山 김원봉金元鳳의 회고는 그와 다르다. 1943년에 작성한 윤세주 추도문(「석정동지 약사」: 이 책의 〈부록〉)에 그가 적어놓기를, "그는 나보다 두 살 아래"이고 "망국 당시 그는 11세, 나는 13세"였다고 했다. 약산이 1898년생이었으므로, 또한 1910년에 11세이려면, 세주는 1900년생이었어야 한다. 족보와 후손의 증언성 기록들에도 1900년생으로 되어 있다.

단애 윤세복

생년·생일이나 이름자, 출신지나 학력 등 개인 신상 사항이나 상세 이력에서 공식기록이 실제와 상위한 경우는 우리가 실생활에서 겪어 알 듯이 적지 않다. 그런 경우들에서는 가족이나 친우 등 최근친이 알고 있는 바나 사적인 기록이 더 정확한 때가 많다. 공문서는 최초 작성자나 신고자 혹은 이기자移記者가 의도적으로든 실수로든 한번 착오기재를 범하면 계속 이어져 그대로 굳어진다. 일개인 차원의 바로잡기가 기록의 '공식성' 때문에 더 어려운 탓이다. 이런 점들을 감안하면, 석정의 실제 생년은 이제라도 1900년으로 비정批正함이 옳다고 본다.

'세주'라는 이름은 세 형의 이름(치장致璋, 치선致瑄, 치견致堅)에 모두 '치' 자가 들어있는 것과는 다르게 지어졌다. 윤세주와 6촌간인 세용世茸 (1868~1941)·세복世復(1881~1960) 형제 또한 만주로 망명한 후 각각 임시정부 산하 육군주만참의부 참의장參議長과 대종교大倧敎 3세 교주가 되어 이름난 독립운동가로 활동했음을 볼 때, 석정의 운명은 '세주'라는 이름을 얻음과 함께 정해진 것이 아닌가 하는 생각도 든다.

호적명은 '소룡'小龍으로 등재되었는데, 어릴 적 애칭을 겸한 이름이었을 것이다. 지명 유래에서 알겠다시피, 예로부터 이 고장은 영험하고 상서로운 동물로 믿어지던 용과 관련 깊다고 여겨져 왔다. 용지, 용성, 용두산, 용두연, 용두제 등 여러 지형지물 명에도 그런 생각이 깃들어 있었다. 그러니 '소룡'은 예사 이름이 아니고, 부친의 큰 사랑과 기대가 담긴 이름이었다고 봐야 할 것이다.

아니나 다를까. 세주는 어릴 적부터 총명하고 영특한 인상으로 주위 사람들에게 각인되었다. 그런 만큼 가족과 친지들의 총애를 받으며 씩씩하게 자랐다. 세상사에 조금씩 눈 뜨게 되고부터는 남달리 의협심과 의지력 강한 소년으로 커갔다. 나이 서른 넘어 중국망명 후에 별호를 갖게 되었을 때 '돌 석石' 자와 '바를 정正' 자를 택하여 조합한 것도 천성이었을지 모를 그의 성격 특징을 무심결에 나타내 보이는 바 있었을 것이다.

석정이 전사한 후의 추도 기사와 묘비명에서부터 이 별호는 발음이 같은 '石鼎'으로도 표기되기 시작했다. 김두봉金科奉 같은 독립운동가는 훗날의 회고문에서 윤세주를 가리켜 '석전石田'으로 수차 일컫기도 했는데, 이것을 필명으로 썼던 다른 독립운동자가 있었으므로 주의를 요한다. 1930년대의 재중국 독립운동 진영에서는 이것 말고도 석정石丁, 석률石栗처럼 '석' 자를 넣은 별호나 필명을 쓴 경우들이 꽤 있었다. 그러므로 '석' 자가 들어갔다고 전부 윤세주의 이명이었던 것처럼 속단해서는 곤란하다.

1934년 이후로 일제 관헌당국이 첩지하여 보고문에 기재해 놓았던 바 윤세주의 이름과 별명은 '소룡, 석정石正·石井, 세수世洙, 정호正浩, 세호世浩' 여섯 개였다. 민족혁명당 시절의 윤세주가 진震이라는 필명을 썼다는 기록도 보인다. 밀양공립보통학교의 학적부에 등장하는 '윤소용尹小用'이 윤소룡, 즉 세주와 동일인이었는지 여부는 더 살피고 확인해 봐야 한다. 표기된 생년월일이 영 다르기 때문이다.

윤세주(이하 '석정' 혹은 '세주'로도 적음)의 생가는 노하골 해천가海川邊의 880번지에 위치한 기와집 고택이었다. 901번지의 김원봉(이하 '약산' 혹은 '원봉'으로도 적음) 생가와는 한 집 건너 사이로 이웃해 있었다. 그래서 두 사람은 어릴 적부터 떼려야 뗄 수 없이 막역한 사이로 맺어졌다.

김원봉의 표현에 따르면, "한곳에서 놀고 한곳에서 자라"났으며, 사이좋게 지내던 7~8명 어린이들 중에서도 "특별히 친밀"했다. 바로 위 셋째 형과도 일곱 살 차이였던 데 비해 김원봉은 겨우 두 살 위였으니, 세주로서는 그가 가장 흉허물 없고 믿을 수 있는 이웃 형이요, 늘 함께 어울려 다니는 죽마고우였던 것이다.

세주와 원봉은 4년제 2학급의 밀양공립보통학교도 같이 다녔다. 개명유학자 손정현孫貞鉉이 향청 재산으로 1897년에 설립한 개창학교開昌學校가 1901년 공립으로 전환된 후 1907년에 명칭도 바뀐 학교였다. 원봉은 내이동 한문서당에 여러 해를 다닌 후인 1910년에 2학년으로 편입했고, 그 해에 세주는 1학년으로 입학했던 것이다.

소년기의 항일 의기 형성과 표출

세주가 학교에 다니기 시작한 지 반년이 채 안된 때인 1910년 8월, 일제에 의해 강제 병합됨에 따라 나라가 망하였다. 슬프고도 치욕스런 국망 소식을 접한 세주와 원봉, 그 외 절친 소년들은 동네 어귀에 모여 일본을 성토하다 울음이 터져나와 결국은 다들 통곡하고 말았다. 어린 마음에도 어떻게든 항의 의사를 표해야 한다는 생각에서 두 소년은 개학

후 매주 6시간의 일본어 수업 때면 교실을 나와버리고 결석하였다.

그 해 11월 3일은 메이지明治 천황의 생일이라 하여 일본인들이 대대적으로 경축하며 장수를 기원하는 '천장절天長節' 날이었다. 이날 원봉과 세주는 한봉인韓鳳仁·강인수姜仁壽 등 몇몇 친우들과 함께 일장기를 학교 변소의 똥구덩이에 꽂아 넣어버렸다. 일본인 교장은 노기등등하여, 어린 학생들을 불러다 때리고 고문하며 자백을 강요했다. 하지만 어린 이들이 이구동성으로 시종 부인만 하니, 진상은 덮인 채 밝혀지지 않았다.

이 사건이 있은 후 원봉은 노예화 교육을 더 이상 받기 싫다 하여 밀양공보를 자퇴하고, 내일동 북쪽의 동화학교同和學校에 편입학했다. 향리 출신들의 주도와 요호부민층의 출연出捐으로 1905년에서 1908년 사이 어느 해에 옛 군관청軍官廳 자리에 설립된 중학과정 학교였다. 1910년 망국 후에 을강乙江 전홍표全鴻杓(1869~1928)가 교장으로 취임하여, 졸업생 교사 김대지金大池와 함께 소년 인재들을 길러내고 있었다. 전임 교장은 무송윤씨 일문인 윤병연尹秉淵(뒤에 나올 윤치형尹致衡의 조부)과 그 조카뻘 되는 윤희영尹熺榮이 역임했었다.

이때 세주도 자퇴와 편입학을 함께했던 것처럼 약산이 술회하였고, 그동안의 연구자·저술자들도 그 서술을 의심 없이 그대로 받아들여 왔다. 그런데 앞뒤 일의 정황과 사리를 맞춰보고 자료검증도 해보면, 약산의 술회 내용은 좀 극화된 것이었음이 드러난다. 세주가 밀양공보 4년을 마치고 온전히 졸업했음이 학적부를 통해 확인되기 때문이다.

전홍표는 학생들에게, "빼앗긴 국토를 되찾고 잃어버린 주권을 회복하기 전에는 우리는 언제나 부끄럽고 슬프고 비참하다. …… 우리가 목숨이 있는 동안은 강도 일본과의 투쟁을 단 하루라도 게을리 할 수 없다"고 자주 역설했다. 그 말끝에는 늘 "미래는 너희들 것이다. 너희들이 분기하지 않으면 대체 누가 조국광복의 대업을 이룰 것인가?"라는 훈화를 덧붙였다. 그때마다 학생들은 "싸우고 또 싸워서 기어코 나라를 되찾고야 말겠습니다"라고 마음속 다짐을 거듭했다.

그런 얘기는 김원봉의 입을 통해 세주에게도 그대로 전해져서 마음을 격동시켰다. 그는 원봉이 비밀리에 조직한 연무단鍊武團에 가입하여 상무정신 회복과 신체단련에 힘썼다. 여름철 뙤약볕 아래서도 강변 모래밭에서 축구를 했고, 겨울 아침 등교 전에 등산과 냉수욕을 했다. 위인전, 조선 역사와 지리책, 중국 병법 고전인 『육도삼략六韜三略』 등을 구해다 돌려보며 열심히 읽었다. 단군 개천일에는 연무단원들이 거리에서 개천가를 고창하며 함께 행진하기도 했다.

동화중학을 불온학교로 지목하여 계속 주시하던 경남도 학무당국은 학교 운영 주체가 재단법인으로 되어 있지 않음을 구실 삼아 기어코 폐교령을 내렸다. 소식을 듣고 통분한 원봉과 세주 외 몇몇 동무들은 십여 일 동안 성내를 누비며 성금을 거뒀다. 학부모와 유지들의 호응으로 꽤 큰돈이 된 80원을 들고 나타난 소년들은 "이것으로 학교를 다시 유지할 수 있겠습니까?"라고 물었다. 전홍표는 그만 뜨거운 눈물을 쏟고야 말았다. 그는 소년들에게 말해주었다.

"우리가 학교 문을 닫아야 하는 것은 경제적 곤란 때문만이 아니다. 더 크게는 배일문제 때문이다."

아니나 다를까, 당국의 폐교 조치가 강행되어, 학교는 1911년 늦가을에 문을 닫고 말았다.

일본인들은 조선인 사립학교를 문 닫게 했을 뿐만 아니라 토지도 맘대로 뺏어갔다. 밀양군 관내 낙동강 하류변의 삼랑진三浪津에는 대토지 소유자가 많았다. 1만 석 지주 4명, 5천 석 지주 10명, 1천 석 지주 10명. 그리고 1백 석 지주는 수백 명에 달하였다. 그런데 이 지역에서도 일찍부터 일본인들의 토지 침탈이 자행되었고, 그것은 소위 조선토지조사사업에 의해 인준되었다.

재판소 없는 곳인 밀양에서 경시警視 또는 경부警部 직급의 일개 경찰서장이 검사檢事의 사무를 대신하도록 위임 받은 사법권을 행사함에 의해 얼마나 많은 조선인 지주들의 땅이 일본인에게 넘어가 버렸는지를 세주는 부친과 형님들로부터 익히 들어 알았을 것이다. 고분고분 말 듣지 않는 조선인들은 잡혀가서, 사망자와 불구자가 속출하는 잔혹한 태형笞刑의 희생물이 되고 말았다는 얘기도 종종 들었을 것이다. 의협심 많은 소년이던 그가 그런 얘기를 어찌 생각 없이 듣고 넘기기만 했겠는가. 두 주먹을 꼭 쥐며 굳게 다짐했을 것이다.

학업과 혼인과 비밀결사 활동

1914년 3월에 밀양공보 4년을 졸업한 윤세주는 바로 서울로 올라가 3년제 중등과정의 사립 오성학교五星學校에 입학했다. 오성학교는 우여곡절의 변천 끝에 현재는 광신光新중·고등·상업고등학교로 맥이 이어지고 있는데, 본래는 서우西友사범학교(이갑李甲·유동열柳東悅·안창호安昌浩·박은식朴殷植 등 서우학회 인사들이 1905년에 설립)와 한북의숙漢北義塾(이준李儁·이종호李鍾浩 등이 주도한 한북흥학회가 1907년에 설립)의 통합에 의해 1908년에 설립되었던 서북협성학교西北協成學校의 후신이었다. 이 학교의 모체이던 서북학회가 일제에 의해 강제 해산되면서 학교도 박해를 받게 되자, 강화석姜華錫 등 몇몇 유지가 인수하여 1910년 10월에 교명만 오성학교로 바꾼 것이다.

'오성'이란 서북 5도를 빛내는 것을 뜻했지만, 교원과 학생을 그 지역 출신으로만 충원·선발한 것은 아니었다. 8회까지의 도별 졸업생 통계를 보면, 서북 5도 출신이 도합 234명이었고, 경기 이남 8도 출신이 139명이었다.

학생 중에는 부유층 집 자제와 한문에 조예가 있는 만학도들이 많았지만, 설립 배경이 그래서인지 배일排日 분위기가 강한 학교였다. 1910년 12월에 데라우치寺內正毅 총독 암살을 준비하다 체포되어 실패한 안명근安明根 사건으로 이 학교의 옛 설립자들과 교원 및 학생 상당수가 피검되고 중형을 받은 일도 그런 분위기의 조성과 유지에 일조했을 것이다.

1914~1917년간의 20여 명 교사진 명단에서는 주시경周時經(1914년 작고), 유근柳瑾, 최창식崔昌植 등 저명 민족지사와 독립운동가들 이름이 발견된다. 앞서 개교 초기에는 대한제국 무관학교를 졸업한 김좌진金佐鎭이 학감으로 재직한 바 있었다.

교사들은 시시때때로 독립사상을 언급했고, 역사·지지地誌 담당이던 최창식 같은 경우는 동서고금 역사 속의 위인들과 민족사 속의 충렬 인물들을 소개하고 설명하면서 이들을 모범 삼아 조국을 사랑하고 충성을 다할 것을 역설하는 일이 허다했다 한다.

협동단결 정신과 불의에 대한 저항 정신을 유달리 강조했던 오성학교의 졸업생들은 총독부, 철도국 등의 관공서에는 취직을 주선 받아도 가지 않았고, 소수의 일본 유학자와 상급학교 진학자 외에는 초등학교 훈도訓導로 나가는 경우가 많았다. 더러는 만주나 노령으로 가서 항일운동에 참가하였고, 졸업 전에 국외로부터 온 연락을 받고 독립운동에 참가하기 위해 자퇴하는 학생도 상당수였다.

1908년의 서북협성학교 입학생이 1911년 3월에 제1회로 졸업했다 하니, 1914년도 입학생이었을 세주는 1917년 봄에 제7회로 졸업했을 것이다. 7회 졸업생은 이성구李性求 등 63명이었다. 1919년 도쿄東京에서의 2·8독립선언을 주도했던 최팔용崔八鏞이 5회 졸업생, 3·1운동의 학생시위 지도자 한위건韓偉健이 6회 졸업생이었다. 그러나 일제 당국에 의해 늘 감시 받고 미운 털이 박혀 있던 오성학교는 결국 1918년에 폐교 조치 당하였고, 1921년에 오성강습소로 겨우 재기하게 된다.

오성학교 졸업 후 윤세주의 행로로 자료에 의해 확인되는 것은 그의 혼인 사실뿐이다. 1918년 9월, 창녕군 창녕면 술정리의 고故 하동윤河東潤의 딸인 1901년생 규수 소악小岳과 혼례를 치르고 결혼한 것이다. 그 사이 1년 반 동안 그가 무슨 일을 했는지는 완전 미지의 영역이 되고 있다. 일단은 사랑채에 부친이, 윗채에 모친과 장형 내외가, 중채에 세주 내외가 기거하는 대가족 살림의 일원이었고, 바로 이웃에 중형과 숙형이 살았다.

다만 그 무렵의 석정의 동향에 대해 약산이 회고한 말이 있어서 참고가 된다.

나는 먼첨 중국에 나왔으나 석정동지는 국내에서 각지 동지와 연락하며 애국운동을 부단히 진행하였다.

'먼첨'이라는 표현에는 석정도 진작 중국으로 나갈 생각을 가져서 약산에게 상의했지만 집안 어른이 반대했거나 혼인으로 인해 일찍 출가·출향하질 못했다는 의미가 담겨 있었다 하겠다. 그 대신에 석정은 국내 항일 비밀결사운동에 상당 정도 관여를 했다는 것이다.

그렇다면 석정이 가담했을 개연성이 있는 비밀결사 조직은 무엇인가. 우선은 1909년 10월경에 남형우南亨禹, 안희제安熙濟, 서상일徐相一, 김동삼金東三 등의 주도로 결성된 대동청년단大東靑年團이 떠올려진다.

대부분 단원이 영남 출신자이고 신민회新民會 계열의 타지 인사가 일부 가담하여 총원 80여 명 규모였다는 이 조직은 "피로써 맹세한" 17세부터 29세까지의 남자로서 기존 단원 2인 이상의 추천에 의해서만 가입할 수 있었고, 단에 관한 일체의 사항을 문자로 표시하지 못하도록 했다. 이렇듯 철저히 비밀을 유지했기에 1920년대 초반까지 활동이 가능했고, 1945년까지 존속하였다 한다.

현재까지 신원 파악된 단원은 52명인데, 그 명단에서 밀양인은 윤세복 한 사람뿐이고 윤세주는 발견되지 않는다. 세주는 아니더라도 다른 밀양인 운동자 몇 명이 가입했을 법한데 그렇지도 않았다. 아마도 이 조

밀양 내이동의 윤세주 생가. ① : 사랑채, ② : 윗채, ③ : 중채

직이 너무도 비밀 유지를 중시한 때문이었을까. 그래서 밀양인들이 이 조직에 관한 정보에 아주 어두웠거나 접근로를 잘 찾지 못했던 것일까.

대신에 밀양의 청년지사인 황상규黃尙奎 · 김대지 · 윤치형 · 구영필具榮珌 등은 다른 비밀결사를 꾸리고 있었으니, "조국 광복의 일편단심을 모아서"라는 뜻을 명칭에 담아놓은 일합사一合社였다. 친목단체로 위장했으면서도 조직의 내실은 철저히 비밀에 붙인데다 국지적 조직이기도 했던 때문인지, 그 성립과 활동에 관한 명확한 기록이 없다.

몇 가지 단편적 정보들을 모아서 정리해보면, 일합사는 국권회복에 청춘을 바치겠다는 비장한 결의로 1913년 밀양에서 결성된 항일단체였다. 경북 칠곡 사람인 이각李覺(=이수택李壽澤)도 같이 가담하고 있었고, 나

중에는 창원 출신이면서 마산 창신학교昌信學校 교사이던 안확安廓, 훗날 마산의 3·1운동을 주도하고 신간회 지회장을 맡게 되는 실업인 명도석 明道奭도 동참했던 것 같다. 또한 이때 김대지는 일봉一峰, 구영필은 일우 一友, 이수택은 일몽一夢이라는 호를 각각 지었던 모양이다.

규약도 만들어놓고서 조직적으로 움직이던 일합사는 1916년 말경에 그 존재가 일경에 포착되어, 만주 봉천奉天을 다녀오던 길의 구영필과 김대지가 평남경찰부에 체포되었고, 명도석 등 다른 회원들도 줄줄이 피검, 압송되어 갔다. 수사 과정에서 장인환張仁煥이 고문치사 당했고, 구영필은 6개월, 김대지는 4개월의 징역형을 1917년 5월 평양복심법원 에서 선고받아 복역했다 한다. 당연히 그로부터 일합사 활동은 중지되 고 조직도 해체되고 말았을 것이다.

이와는 별도로, 1913년 말에서 1914년 초쯤에 황상규를 필두로 김 대지와 이각이 비밀결사 광복단光復團에 가입하여 단원이었다는 기록이 있다. 광복단은 그 1년 전쯤에 경상북도 풍기에서 채기중蔡基中·한훈韓焄 등 10여 인의 의병운동 경력자들에 의해 결성되었는데, 조직망을 넓히 는 과정에서 황상규 등 청년지식인들이 영입된 것 같다. 그 후 1915년 7월 대구에서 박상진朴尙鎭의 주도로 대한광복회가 결성될 때 광복단원 들도 대부분 참여하여 새 조직의 일원이 되었다.

이처럼 밀양의 일합사와 풍기 광복단은 황상규·김대지·이각 등의 중복 가입자가 있었고 결성 시점도 비슷했다. 그렇게 보면 두 비밀결사 는 은밀히 기맥이 통하는 정도를 넘어서 직접 연결되어 연대-연합 활 동을 폈던 것일 수도 있겠다. 그러한 움직임이 결국 광복회 조직으로 통합되어 갔고, 대구의 조선국권회복단朝鮮國權回復團 일부 단원들이 합류했던 것이라 볼 수 있는 것이다.

광복회원들은 1916년부터 군자금 확보와 무기 구득을 위한 공격적 거사를 수차 감행하였다. 그로 인해 일제 경찰의 추적을 받게 되고 조직이 노출되어, 1918년 1월 이래로 주축인물 다수가 속속 검거되고 마는 상황으로 내몰렸다. 이렇게 조직이 파괴되어가자 일부 단원들은 후일을 기약하고 일단 국외로 피신하는 길을 택하였다.

그런 경위로 황상규와 김대지도 1918년에 만주 길림성吉林省으로 망명길을 떠났다. 행선지가 길림이게 된 것은 1915년 12월에 광복회 만주본부가 거기에 설립되고 김좌진이 부사령副司令으로 진치고 있어서였다. 그 길에 두 사람은 동향인 선배운동자 손일민孫逸民이 신의주에서 운영하는 여관과 안동현安東縣 구시가의 안동여관을 거쳐가며 안내받았을 것이다. 두 곳 다 광복회의 연락기관 또는 만주거점이었다. 이때 같이 망명한 이병철李炳喆이 안동현에 원보상회元寶商會를, 구영필은 봉천에 삼광상회三光商會를 개점하여 또 다른 비밀연락기관 역할을 수행하기 시작하였다.

이러한 전후 사정을 놓고 볼 때, 오성학교를 졸업하고 귀향한 윤세주가 '부단히 진행'했다고 김원봉이 언급한 '애국운동'이란 통설처럼 일합사 관련이라기보다는 광복회 활동과 연관 있는 것이었겠다. 그 활동이 밀양이나 그 인근에서 구체적인 '사건'으로 표면화된 바는 없었던 것으로 보인다.

하지만 대구 권총사건, 경주 우편마차 습격, 칠곡 부호 장승원張承遠

사살 등, 1916년 이래로 들려오던 광복회 본부 및 경상도지부 조직원들의 활약상은 윤세주의 마음을 크게 흔들었다. 광복회의 정식 회원은 아니었을지라도 그는 고향 선배운동자들의 은밀한 움직임과 전언들에 분명 자극받았을 것이고, 그래서 그들과 "밤낮없이 한 덩어리로 움직이며 동분서주"—윤치형의 장질長姪이고 석정의 재종질再從姪 되는 윤상선尹相善의 증언 표현—한 것일 테다.

어쩌면 그런 모습을 보고 무언가 눈치챈 부친은 걱정되는 마음에도 세주의 혼인을 서둘러 성사시켰던 것인지 모른다. 하지만 결혼 후 꼭 6개월 만에 터져 나온 3·1운동을 계기로 세주는 족형族兄 윤치형과 함께 몸을 내던져 항일 대오의 전면에 나서게 된다.

청년기의 선구적 항일투쟁 02

밀양의 독립만세 시위를 기획하고 이끌다

1919년의 3·1운동은 윤세주의 항일독립투쟁 행로를 본격화하는 계기
가 되었다. 밀양에서도 3월 13일의 읍내 시위를 필두로 4월 초순까지
수차에 걸쳐 독립만세시위가 벌어졌는데, 그 첫 시위의 준비와 진행을
윤치형과 함께 그가 기획하고 이끈 것이다.

1919년 2월 일제의 독살 음모 의혹을 남긴 채 세상을 떠난 비운의 황
제 고종의 인산일이 3월 3일로 정해졌음이 알려진 후, 석정은 윤치형
과 함께 참례를 위해 상경했다. 그런데 장례일 이틀 전인 3월 1일 오후
2시, 탑골공원에서 한 학생이 독립선언서를 낭독함과 더불어 독립만세
의 함성이 울려 퍼지기 시작했다. 이로부터 비롯된 만세시위 광경이 두
사람 눈에 들어오지 않았을 리 없다. 오히려 처음부터 동참하여, 같이
만세 부르며 감격해 했을지도 모른다.

후대의 어떤 편사기록에서는 두 사람이 "중앙의 독립운동 계획처로

부터 밀령을 받고" 귀향했다는 서술이 보인다. 한위건과 윤세주의 동문 선후배 관계로부터 그랬을 가능성도 있어 보이지만, 3월 1일에 첫 호가 나온 『조선독립신문』을 받아 갖고 내려와 시위에 활용한 것을 두고 그렇게 표현했을 수도 있다.

인산 참례 후 서둘러 귀향한 두 사람은 전홍표를 찾아가 서울의 시위 상황을 보고하고, 밀양에서도 만세시위를 벌일 것에 대해 자문을 구하였다. 당연히 전홍표는 적극 찬성하였고, 시위 계획과 그 실행 방안에 관해 지도의 말도 해주었다. 음력 2·7일 장인 밀양 장날에 거사하여 시위를 키우는 게 좋겠다는 의견이 나왔고, 3월 8일(음력 2월 7일)은 시일이 너무 촉박하므로 그 다음 장날인 13일로 거사일을 잡았다.

윤치형과 임무를 나눈 후에 석정은 김병환金鉼煥·정동찬丁銅燦·김소지 金小池·박만수朴萬守·이장수李章守·최종관崔鍾寬·박소종朴小宗 등 10여 명의 선후배·동창 친구와 지기들을 동지로 끌어들여 「연판첩」에 서명토록 하고 수차 회합하며 거사를 준비하였다. 그들은 밀양면과 부북면府北面사무소에 들어가 몰래 꺼내온 등사판을 들고서 읍내 뒤편 아북산衙北山으로 올라가 병풍을 쳐놓고 밤새워 독립선언서 수백 매를 찍어냈다.

또한 김악이金岳伊·이복수李福壽 등 여성 기독교인들의 조력으로 종이 태극기도 수백 폭 만들어서, 선언서와 함께 석정의 집에 감춰두었다. 석정의 세 살 아래 장조카인 차암㞢岩(후일 태선泰善으로 개명)이 그때 공립간이농업학교에 다니면서 밀양소년단장이기도 했는데, 그가 12일 밤에 단원들을 동원하여 이들 태극기와 독립선언서를 여러 곳에 은밀히 날라다 전달해 주었다는 기록도 있다.

치밀한 준비 끝에 드디어 3월 13일, 대대적인 만세시위가 결행되었다. 그날 오후 1시경에 윤세주와 동지들은 내일동 장터의 김병환의 쌀가게 앞에서 거사를 시작했다. '독립만세'라고 크게 써넣은 깃발과 태극기를 펴들고 "대한독립 만세!"를 외치니 삽시간에 군중이 모여들었고, 종이 태극기와 등사본 독립선언서가 재빨리 배부되어 그들 손에 쥐어졌다.

1시 30분경이 되어, 장터 앞 큰길에 운집해 있는 1천 명 이상의 주민들 앞에서 윤세주가 독립선언서를 꺼내어 우렁찬 목소리로 낭독했고, 그와 동지들의 선창에 따라 주민들은 "대한독립 만세"를 삼창했다. 김소지가 나팔을 불며 고무했고, 주민들은 대오를 정돈하여 시가지를 행진하기 시작했다. '독립만세' 대기를 앞세워 각자 태극기를 흔들고 만세를 고창하며 읍내 거리를 누빈 것이다.

태극기 물결 속에 거의 3천 명까지 늘어난 시위군중의 함성은 그칠 줄 몰랐고, 그 기세는 마치 "강산이 진탕震盪하듯" 격렬했다. 시위대의 한 대오는 인근 밀양공보 교정으로 들어가 운동장을 내달리며 만세를 고창했고, 유리창 문을 열고 교실 안으로 태극기 수십 매를 던져 넣으며 생도들을 선동하였다.

만세시위 돌발에 놀라고 그 기세에 압도당한 내일동의 헌병분견소에서는 부랴부랴 부산의 헌병분대로 응원을 청했다. 그러자 헌병수비대원 10여 명이 급거 출동해 와서 당지 병력과 합세하였다. 그들은 시위대열 속으로 뛰어들어 난타하고 총검을 휘두르며 저지와 진압에 나섰다.

오후 5시가 되어서야 시위가 끝나고 군중은 해산했다. 현장에서 80

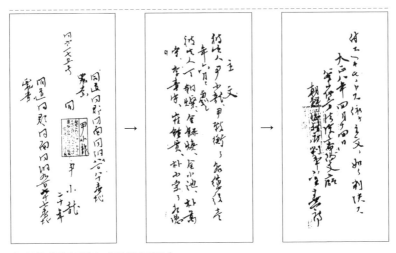

윤소룡(윤세주)의 밀양 3·1운동 판결문(일부)

여 명이 체포되었고, 그 중 7명이 주동자로 지목되어 '빈사의 고문' 표적이 되었다. 석정과 윤치형은 진압이 시작되자 재빨리 몸을 피하여 체포되지 않았다.

살벌한 공기가 읍내에 감돌았지만, 시위는 이튿날에도 재발하였다. 밀양공보교 학생 160여 명이 일제히 궐기하여, 교사들의 제지를 뿌리치고 거리로 뛰쳐나와 태극기를 흔들며 독립만세를 연호하고 행진한 것이다. 2백 명 이상의 읍내 주민들이 호응했고, 일부는 시위에 합류했다.

하지만 더욱 무도해진 진압으로 시위는 오래 계속되지 못하였고, 주동인물은 어제처럼 가차 없이 체포 대상이 되었다. 연이틀 감행된 시위에 당황한 일본군은 급기야 부산의 군용철도 엄호대까지 밀양으로 급파해서 철통같은 경계망을 펴도록 했다.

밀양면의 3·13 및 3·14 만세시위는 지방의 3·1운동으로는 비교적 이른 시점에 벌어졌고, 경남지역에서는 11일 부산의 일신여학교 학생 시위 다음으로 빠른 것이었다. 참여인원 규모가 컸고, 양상도 아주 격렬한 편이었다. 현장 피체자가 거의 1백 명에 달한데다 20명이 주모·주동자로 기소된 점에서도 그 열기의 정도가 가히 짐작된다.

4월 14일의 결심공판에서 피고 전원이 보안법 위반의 유죄 판결을 받았다. 그 중 11명에게 3월에서 6월의 징역형, 7명에게 태형, 궐석재판 대상이 된 윤세주와 윤치형에게는 1년 6월형이 선고되었다.

이틀간의 밀양 읍내 만세시위는 4월 초순까지 밀양군 관내 여러 곳에서 모양이 같은 만세시위와 격렬한 항쟁을 속발시킨 자극제요 도화선이기도 했다. 3월 15일에 밀양유림회가 밀양강변 솔밭광장에서 시작하여 거리로 나가니 합세한 면민과 기독교인 5천 명이, 3월 20일에는 안희원安熙元의 장례행렬이 읍내 장터를 지날 때 주민 수만 명이 거리에서 집에서 만세를 고창하며, 4월 2일 야간에는 밀양소년단원들이 학교에서 시작하여 읍내 청년들과 합세해서 약 50명이, 4월 6일에는 부북면 춘화리에서 면내 3개 마을 주민 약 3백 명이, 4월 7일 장날에는 밀양면 30리 밖의 대룡각臺龍角에서 군중 약 3천 명이, 연이어 과감한 시위를 벌였다.

단장면 대룡리에서는 장날인 4월 4일에 표충사表忠寺 승려들의 주도로 주민 등 수천 명 군중이 만세를 연호하며 시위를 벌였다. 그들은 헌병주재소를 습격하여 격투극도 불사하는 치열한 항쟁을 벌였고, 그로부터 10명 이상의 사상자와 364명의 피검자가 발생하였다.

4월 2일의 소년단 시위는 석정의 조카 차암이 밀양공보 동문인 윤수선尹秀善·박소수朴小守·강덕수姜德壽 등과 사전 밀의하여 벌인 것이었다. 다른 13명과 함께 체포된 그는 보안법 위반죄로 징역 1년, 집행유예 3년을 선고받았다. 윤희규로서는 막내아들과 장손이 한꺼번에 들고 일어나 일제 사법 권력의 제물이 되고만 셈이었다. 우선 놀랐을 것이고, 심적 충격도 컸을 것이다.

초보적 항일선전공작 경험을 갖다

시위현장에서 도피하여 은신해 있으면서 윤세주는 경남지방 전역에서의 3·1운동의 고무·확산을 위한 선전공작을 한동안 벌였던 것 같다. 김원봉의 회고문(「석정동지 약사」)에 석정이 3·1운동기에 "독립신문 경남지국을 조직하고 자기가 국장이 되어 선전공작을 진행하였다"는 구절이 있음에서다. 태항산太行山에서 전사한 석정 등 3인 열사에 대한 추도회가 열렸음을 보도한 중국의 『신화일보新華日報』(1942년 7월 18일) 기사에도 석정이 19세 때 3·1운동에 참가했음과 아울러 "조선 문자로 된 세 가지 신문을 출판하는 특허 권리를 얻은 바 있다"는 서술이 들어있었다.

그러면 여기서 언급된 '독립신문'이란 어떤 신문을 말하는 것인가? 또 '세 가지 신문 출판특허권'이란 무엇을 말함인가?

3·1운동이 발발함과 더불어 서울과 해외 여러 곳에서 지하신문이 나오기 시작했다. 그것들은 모두 '독립'을 제호에 넣어 발행되었으니,

『조선독립신문』, 『독립신보』, 『대한독립신문』, 『독립신문』 등이 그것이
었다.

　그 중 맨 먼저 나온 것은『조선독립신문』으로, 이종일李鍾一·이종린李
鍾麟 등이 추진하여 천도교계 출판사인 보성사普成社에서 발간되었다. 창
간호인 3월 1일자는 당일 오전에 1만 부를 찍어서 전국에 배포했는데,
수록된 3건의 기사는 33인 민족대표가 독립선언서를 발표하니 이 운
동이 전국적으로 전개될 것이라는 요지였다. 이어서 2호(3월 3일자)부터
9호(3월 24일자)까지는 6백 부 이상 2천 부까지 인쇄, 배포되었고, 그 후
로도 여러 사람들의 손으로 비밀리에 발행이 계속되어, 6월 22일까지
36호가 나왔다. 이 신문의 배포에는 각급 학교 학생이 적극 참여하였
고, 연루자 수백 명이 피검되었다.

　『독립신보』는 북간도 용정龍井에서 이익찬李益贊 등에 의해 발행된 것
과 상해上海에서 4월 11일자를 창간호로 하여 발행된 것, 두 종류가 있
었다.『대한독립신문』은 간도間島에서 발행되었다.『독립신문』은 원래
『독립』이라는 제호로 상해에서 8월에 창간된 것을 10월 25일자 제22호
부터 개제改題한 것이다.

　윤세수가 '독립신문 경남지국'을 조직하고 운영했다면, 그럴 수 있었
던 기간은 1919년 3월 이후 만주로 나가기 전까지의 3~4개월 동안이
다. 따라서 상해판『독립』과『독립신문』은 그가 취급했을 신문 범위에
서 일단 배제된다. 그리고 북간도나 상해에서 발간된 3종 신문도 일제
당국의 감시를 피해 원본 그대로 경남지방에까지 이송 유입되고 배포되
었을 가능성은 희박해 보인다.

따라서 윤세주의 '지국장' 역할이 오늘날과 같은 '판매 보급책'을 의미하는 것은 아니었을 것이라는 판단이 든다. 앞서 언급한 두 기사에도 '보급'과 관련된 단어는 전혀 쓰이지 않았다. 그렇다면 다른 어떤 역할을 했다는 것인가?

이에 대한 해답의 단서는 밀양의 3·13 만세시위를 보도한 『매일신보』(3월 17일자) 기사에서 주어진다. 그 만세시위 현장에서 "독립신문 남선南鮮지국장이라 자칭하는 윤소룡이 서명한 〈독립〉 호외를 만들어 불온한 기사를 등사판에 박아서 두 번까지 배포하였다"는 것이다.

이 기사로부터 우리는 윤세주가 신문 원본의 단순 전달-보급자가 아니라, "호외를 만들어 박아서 배포"하는 편집·제작·보급의 1인 3역을 수행했음을 알 수 있다. 그런데 그 '호외'형 간이신문의 기사 재료는 직접 취재로부터 얻은 것이 아니라, 최근간 '독립신문'들에서 나름의 기준에 따라 뽑아낸 것이었다. 그리고 그런 발췌-편집은 임의로운 행위가 아니라, '독립신문' 발행 주체들의 허락을 얻고서 행해진 것이었다.

앞의 『신화일보』 기사에서 나온 '출판특허권'이란 말은 이런 창조적 및 독점적 편집출판 권한을 윤세주가 행사했음을 함축한 표현이었다. 그런 식으로 석정은 항일운동 소식지를 만들어 은밀히 배포했거나 시위 현장에서 살포케 했던 것이다.

『신화일보』의 같은 기사에서 '세 가지 신문'이란 제호에 꼭 '독립' 자가 들어가 있던 신문—서울판 『조선독립신문』, 용정판 및 상해판 2종의 『독립신보』, 그리고 간도판 『대한독립신문』—중의 어느 3종만을 말함은 아니었을 것이다. 서울에서 발간되고 있던 『자유신종보自由晨鐘報』

처럼, 제호는 다르지만 '독립'을 주지로 하여 넓은 의미의 '독립'신문 범주에 집어넣을 수 있던 신문들이 그 범위에 다 포함되고 있었다 하겠다.

고종 인산 배례차 상경해 있을 적에 『조선독립신문』 창간호를 접하고는 크게 감응했던 것이 이 일을 맡은 심적 계기가 되었을 것이다. 그리고 그런 활동은 3·1운동 발발 시점부터 몇 달 동안, 몸을 피해 은신하고 있는 중에도 계속되었고, 『조선독립신문』이 종간된 6월 하순경까지 이어졌을 것으로 추측된다. 또한 그는 국내 다른 지역의 항일운동 동향이나 상해에서 임시정부가 수립된 소식 등의 전달자 역할만 아니라, 경남지역 각처의 3·1운동 상황을 역내 요소요소로 전파시키고 외부 지역으로도 전해주는 통신원 역할을 겸했을 가능성이 높다.

만주로 나가서 의열단 창립에 참여하다

은신해 있는 중에도 대담하게 항일활동을 벌였던 윤세주는 7월경에 고국산천과 부모·형제·아내 모두를 뒤로하고 일제의 통치권을 벗어나 만주행 길을 떠났다. 윤치형과 함께였고, 마산사람 배동선裵東宣(=배중세裵重世)도 동행자가 되었다. 배중세는 대동청년단 단원이었고, 창원 만세시위를 주도한 후 만주로 탈출해 가는 중이었다.

아마도 그들은 황상규와 김대지가 1년 전에 그랬듯이 손일민의 신의주여관과 안동현의 안동여관을 거쳐가며 안내받았을 것이다. 그들의 최종 행선지는 의문의 여지없이 길림이었을 것이다. 거기에 황상규와 김대지가 먼저 가 있었으니 말이다.

개인적으로 석정은 재학 중 독립운동에 투신하여 만주로 와서 활동하고 있을 오성학교 동문·친우들을 찾아보려 했을 수도 있다. 만주 도착 이후의 석정의 행적에 관해 "봉천성·길림성 등지로 돌아다녔다"거나 "길림성 동녕현 소타방에서 동지를 규합했다"는 기록이 보이는 것은 그 점과 무관하지 않을 것이다.

약산의 회고 글에는 석정이 "유하현柳河縣 고산자孤山子로 가서 신흥학교에 입학하여 숙원이던 군사학을 배우기 시작하였다. …… 당시에 나도 그곳에 가서 석정동지를 다시 만났다"고 되어 있다. 1919년 봄에 신흥강습소가 고산자 하동河東의 대두자에 새 부지를 확보하여 무관학교를 표방하고 개교하였다. 유하현 삼원포 추가가鄒家街와 통화현通化縣 합니하哈泥河의 예전 교사는 분교로 두어졌다.

고산자의 새 본교는 5월 3일 개교 때의 입학생부터, 합니하 분교는 10월 15일에 6개월 특별반(속성반)이 졸업한 후로, 교육기간이 3개월 속성과정으로 바뀌었다. "10월 7일에 다시 문을 열었다"든지 "1920년 1월 30일 제4기 필업식"과 같은 기사로부터 유추해 보면, 5월, 7월, 9월, 11월에 대략 두 달 간격의 입학이 있었던 것 같다.

그런데 윤세주의 신흥무관학교 입학 및 수학을 확증해줄 자료는 아직 발견되지 않고 있다. 현재까지 발굴 또는 작성된 졸업생 명부에서, 이종암李鍾岩, 강세우姜世宇, 서상락徐相洛, 한봉인, 신철휴申喆休, 권준權晙, 한봉근韓鳳根, 이성우李成宇(이상, 입교순) 등 다른 동지들과는 달리, 그의 이름은 보이지 않는다. 비슷한 이름조차 찾아볼 수가 없다. 의열단 창립단원 중 신흥무관학교에 입학했던 이들의 이름을 죄다 들어보이고 있는 이종범李鍾範의 『의열단 부단장 이종암전』에서도 윤세주는 입교자에 포함시켜지지 않았다.

그러니 그의 입교는 아직은 반신반의로, 사실 여부의 판단을 유보할 수밖에 없다. 어떻든 그는 길림에서 뜻밖에도 김원봉과 재회하게 된 것이다. 천진天津의 독일계 덕화학당德華學堂을 거쳐 1918년 9월 남경南京의 미국계 금릉대학金陵大學에 입학했던 김원봉은 1919년 2월에 남경을 떠나 3월에 길림에 도착해 있었다. 길림으로 간 것은 고모부 황상규의 부름을 받아서였을 것이다.

3·1운동 발발 이후 길림에서는 여준呂準·조소앙趙素昻·김좌진·황상규 등 여러 망명지사들이 조선독립군정사軍政司(통칭 길림군정서軍政署)를 조직하여 장차의 항일무장투쟁을 준비하기 시작한 한편으로, 주·객관적 여건을 감안한 대일항쟁의 효과적 방책을 다각도로 모색하였다. 그로부터 얻어진 결론 중 하나가 '육탄혈전'肉彈血戰이었다. 소수정예의 결사대를 조직해서 폭탄을 사용해 적의 요새를 부수는 작탄투쟁炸彈鬪爭을 결행토록 함에 의해 일제 통치기관과 그 요인들을 타격, 섬멸한다는 것이었다.

이러한 전략기획을 실천에 옮기기 위한 조직 준비 작업이 곧 착수되었고, 김원봉이 황상규의 지도하에 자기 연배의 동지를 포섭, 규합하는 일에 나섰다. 그래서 1919년 여름에 신흥무관학교를 찾아간 것이고, 거기서 동향인 김상윤金相潤·한봉근·한봉인을 만날 수 있었다. 또한 이종암·이성우·서상락·강세우·신철휴 등 여러 새 얼굴들도 접하고, 의기가 통하여 동지로 규합할 수 있었다. 이들은 졸업 직후인 10월에 전원 길림으로 동행하여 집결했고, 윤세주·윤치형·배동선 3인, 그리고 교사로서 충북 청주의 3·1운동을 주동했던 곽재기郭在驥가 길림에 와 있어서 그들과 합류했다.

이들 10여 명 청년들은 길림성城 파호문巴虎門 밖 반씨潘氏 집인 화성여관華盛旅館을 이종암이 내놓은 돈으로 전세 내어 합숙하면서 폭탄 제조법 및 사용법을 익혔다. 그리고는 11월 9일 밤에 다들 모여앉아 조직결성과 활동방침에 관해 밤새워 논의했다. 그리고 이튿날 새벽, 형제의 의로 뭉쳐서 "천하의 정의로운 일을 맹렬히 실행"할 결사대적 조직으로 의열단을 창립시켰다. 10개 조의 공약을 정했고, 김원봉을 최고 지휘자인 의백義伯으로 선임했다.

윤세주는 병이 나서 앓아누워 있던 중이라 창단회합에 나가지 못했다. 하지만 1921년의 재판정에서 그 스스로 진술하기를, 창단회합에는 참석 못했지만 창립단원임이 분명하다 했다. 판결문에도 그가 창단을 위해 '누차 회합 협의한 인물' 중 한 명으로 들어져 있다.

창립단원들이 비장한 결의를 다지고 밖으로도 드러낸 것인 공약의 몇 개 조항을 석정은 몇 번이나 되읊어보며 마음에 새겼다.

"천하의 정의로운 일을 맹렬히 실행함, 조선의 독립과 세계의 평등을 위하여 신명을 희생함, 충의의 기백과 희생정신을 확고히 가짐, 죽음을 피하지 않고 단의團義 실현에 매진함……."

이 공약을 이행하기 위해서는 파괴와 암살의 폭력 노선을 따라야만 했다. 석정은 그것을 꺼리거나 마다하지 않았다. 조선총독 이하 고관, 군부 수뇌, 대만총독, 매국적, 친일파 거두, 적탐敵探, 반민족적 토호열

신은 처단할 수가 있는 것이고, 조선총독부, 동양척식회사, 매일신보사, 각 경찰서, 기타 왜적의 중요 기관들은 모조리 쳐부수고 없애버려야 할 것이었다. 의열단의 7가살可殺, 5당파當破가 그것이었다.

국내 특공거사의 결사대원으로 나서다

의열단 결성 취지가 그랬다시피, 창립단원들은 처음부터 고강도의 '암살파괴운동'을 벌여나갈 것을 결의했다. 표적은 식민지 총독통치의 두 가지 인적 축을 이루는 일본인 고관과 한국인 민족반역자 부류, 그리고 식민지 지배의 정치기관·선전기관·폭압기구·수탈기구와 부속 시설물들이었다. 그런 거사들은 항일독립투쟁을 이끌어 갈 특공전술의 수범적 실행이 될 것이었다.

그런 공세를 부단히 가하면, 견디다 못한 일제가 결국은 식민지 경영을 포기하고 말 것이라고 단원들은 내다봤다. 그런 특공거사에 고무되어 용기를 얻은 민중이 대대적인 폭력봉기를 일으킬 것을 그들은 기대했다. 그래서 마침내는 조국 강토로부터 일제와 그 주구세력을 모조리 내쫓을 수 있을 것이라고 전망했다.

단원들은 한마음으로, 지체 없이 국내거사 준비에 돌입했다. 경성의 조선총독부, 동양척식회사, 매일신보사를 폭격함과 동시에 사이토齋藤實 총독을 비롯한 식민지통치 수뇌부 요인들을 저격 포살키로 목표를 정했다. 단원 전원이 이 계획의 추진에 참여하며, 길림의 후견인 그룹은 물론이고 안동현의 광복회 기지와 경남지방 항일운동자 몇몇의 지원을 받기로 했다. 국내 현지에서의 준비와 실행은 부단장 곽재기가 지휘하고, 김원봉과 강세우는 중국에 남아서 후방지원과 사후처리를 맡아 하기로 약정했다.

무엇보다도 거사용 무기의 확보가 선결을 요하는 문제였다. 이를 위해 창단 직후부터 기울인 노력이 1920년 3월 들어 결실을 맺었다. 김원봉과 곽재기·이성우가 윤치형이 제공한 3백 원을 갖고서 상해로 가서 백방으로 애쓴 결과, 1차로 탄피 3개와 폭약을 구입할 수 있었다. 그것으로 화약 압축식 대형폭탄, 도화선 점화식 중형폭탄, 투척 즉발식 소형폭탄(즉 수류탄) 각 1개씩을 제조했다. 다시 4월 중순에는 폭탄 13개(점화식 7개, 투척식 6개) 제조용의 폭약과 탄피, 권총 두 자루, 탄환 1백 발을 모 중국인으로부터 추가 구입할 수 있었다.

그 사이에 다른 단원들과 황상규 및 윤치형이 속속 국내로 잠입했다. 윤세주도 거사 실행 가담을 극구 자원했으며, 황상규·김상윤과 함께 자금조달 책임까지 지고는 1919년 12월 중순경에 선발대로 입국했다. 이때의 상황을 김원봉은 다음과 같이 회고하였다.

석정 동지는 당시 불과 19세로 우리 단에서 제일 나이 어린 동생이었다. 그럼에도 그는 수창手槍(권총 : 인용자)과 폭탄을 휴대하고 국내에 가서 파괴공작을 진행할 것을 자원하였다. 우리들은 그의 연령이 너무 어리므로 가지 말라고 권하였다. 그러나 그는 우리를 향하여 열렬히 말하기를, "나는 다른 사람보다 더 묘한 방법으로 적탐의 주의를 능히 피하여 모면할 수 있고, 만일 불행히 체포된다하더라도 나는 의지가 견결하므로 우리의 비밀을 누설하지 않을 것이다"라고 하였다. 그의 열정에 감동된 우리는 다시 더 만류하지 못하였다.

국내 잠입한 단원들은 밀양·부산·마산·경성 등 각자의 연고지로 분산하여 잠복상태로 들어갔다. 윤세주는 밀양 본가로 은밀히 들어가 가족과 잠시 해후하였다. 안그래도 수배되어 있는 몸인지라 그로서는 거사 결행 시점을 대기하고 있으면서 항상적인 긴장상태로 지내야 했다.

상해에서 구입한 무기의 밀반입은 두 차례에 걸쳐 이어달리기 식으로 진행되었다. 1차분 폭탄 3개를 3월 중순에 임시정부 외무차장 장건상張建相의 이름을 빌려 안동현의 영국인 세관원 유스 포인에게 소포로 부쳐놓고는 곽재기가 대련大連을 거쳐 안동으로 가서 소포를 찾아 원보상회의 이병철에게 넘겨주었다.

이병철은 옥수수 스무 가마 속에 폭탄을 숨겨 포장해서 밀양의 화물운송점으로 부쳐놓고는 기차를 타고 뒤쫓아 갔다. 밀양역에서 화물을 찾은 그는 폭탄만 따로 빼내 김병환에게 넘겼고, 김병환은 미곡 소매상을 겸하는 자기 집 마루 밑에 숨겨놓았다.

2차분 무기 묶음은 5월 초에 이성우가 옷상자로 위장해서 휴대하고 선편으로 안동현까지 가서 이병철에게 건네주었다. 이병철은 먼젓번처럼 옥수수 다섯 포대 속에 무기를 넣어 포장하고, 다른 열다섯 포대와 뒤섞어 화물인 것처럼 위장해서 부산진역의 한 운송점으로 보냈다. 이것을 배중세가 수령한 후, 비밀 표식이 된 다섯 포대만 따로 추려서 창원군 진영進永의 강상진姜祥振의 집 창고에 숨겨두었다.

이처럼 무기가 잘 반입되었음에 따라서 임무 분담과 자금 조달 등의 다른 준비 작업에도 박차가 가해졌다. 총지휘자 곽재기는 거사 준비 점검차 3월 하순에 입국하여 밀양으로 가서 한봉근과 신철휴를 만나보고 말하기를, 그 두 사람과 윤세주, 그리고 서울서 대기 중인 김상윤까지 4인에게 투탄 임무를 맡기겠노라 했다.

이튿날 신철휴에게서 그 말을 전해들은 윤세주는 쾌히 승낙하고, 반드시 결행할 것임도 약속했다. 나중에 곽재기 본인과 이성우·김기득金奇得(=김태희金台熙) 3인도 투탄요원으로 추가되었다. 곽재기는 다시 상해를 다녀오고는 서울 공평동公平洞의 전동여관典東旅館에 지휘소를 차려놓고 수차 지방순회 점검도 해가며 거사 준비를 독려하였다.

김병환이 7월 8일까지 폭탄을 보관키로 했었다는 데서, 특공거사 결행일은 7월 10일경으로 예정되었던 것 같다. 그런데 불의의 사태로 거사계획은 그만 차질을 빚고 말았다. 밀양 김병환의 집에 경기도 경찰부원이 들이닥쳐, 은닉폭탄 3개를 적발하고 압수해간 것이다.

일설에는 구영필이 봉천에서 이종암과 윤치형에게서 받은 각 7천·4천 원의 군자금 중 일부로 영고탑寧古塔에 땅을 사놓기 시작하더니 결국 배신한 때문이었다는 얘기가 있어 왔다. 1917년 일합사 사건 때 평양경찰서 경무계원으로 취조를 맡았고 1918년 경무총감부를 거쳐 경기도경 고등계로 옮겨가 있던 김태석金泰錫 경부警部에게 밀고했다는 것이다.

아무튼 밀양의 폭탄 적발과 더불어 경성부 관내에 경찰의 특별경계령이 내려져서, 물샐 틈 없는 감시망이 가동되기 시작했다. 진영에 보관 중인 2차 반입분 폭탄 13개는 거사 때 뿌릴 격문의 인쇄비가 조달될 때까지 서울로의 이송이 미뤄져 있는 상태였다. 그런 중에도 윤세주는 일단 상경하여 교남동橋南洞의 한 여관에 은신처를 정해놓고 동지들과 밀회하면서 거사행동에 관해 의논하는 등, 결의를 다지고 대기하였다.

그러나 불행히도 그는 6월 16일에 동지들과 함께 체포되고 말았다. 인사동仁寺洞의 모 중국음식점 2층에서 황상규·이성우·이낙준李洛俊 등과 거사 실행계획을 의논하고 있던 중에 밀정 김진규金珍奎의 제보로 출동한 김태석과 그 부하들의 급습을 받아서였다.

무기 보관상태 점검을 위해 부산에 가 있던 곽재기와 김기득도 그곳 복성여관福成旅館에서 검거되고 말았다. 윤치형·배중세 등 다른 단원과 협력자들도 연이어 모두 피체되고, 진영의 무기 은닉처도 결국 발각되어 9월 20일에 죄다 압수되어버렸다. 이종암·김상윤·서상락·한봉근·이수택 5인은 재빨리 피하거나 은신하여, 전원 피체라는 최악의 사태는 그래도 모면하였다.

이처럼 창단 후 처음인 대적거사를 결사적 의지로 기획했고 많은 노력을 기울여 준비하고 추진했는데도, 뜻밖의 비밀누설로 인해 마지막 단계에서 수포로 돌아가고 만 것이다. 그럼에도 이 특공거사 계획은 "3·1운동 이후로 세상의 이목을 가장 놀라게 한 사건"으로 일컬어질 만큼 대담무쌍한 것이었다. 총독부 당국자들은 경악해마지 않았고, 간담이 서늘해짐도 느꼈다. 그렇지만 그저 감춰둘 수만은 없는 사건이기에 총독부 경무국은 7월 29일에 그 '전모'를 발표하였고, 동아·조선 두 신문이 호외를 내면서 '밀양폭탄사건'이라는 이름으로 크게 보도하였다.

비록 실패하긴 했지만 의열단의 이 '제1차 암살파괴계획'은 독립운동의 전투성을 크게 거양시킨 의거였다. 다른 운동조직 및 결사체들에도 큰 자극을 주면서 항일 작탄투쟁·의열투쟁의 선도적 사례가 되었음이 분명한 것이었다.

또한 실패는 성공의 어머니가 되었음도 확실하다. 이번 사례가 주는 교훈을 마음에 깊이 새긴 단장 김원봉은 보다 용의주도한 계획을 세워서, 박재혁朴載赫의 부산경찰서 투탄 및 서장폭살 의거, 최수봉崔壽鳳의 밀양경찰서 투탄폭파 의거, 김익상金益相의 조선총독부 진입 투탄의거 등을 연이어 성공시킬 수 있었으니 말이다.

법정과 감옥에서도 항일 기개를 떨치다

밀양폭탄사건 관련 피검자는 모두 20명이었다. 경찰 취조 후 사건은 7월 31일에 경성지법 검사국으로 송치되었고, 그 과정에 갖은 악형과 고문이 수반되었음은 말할 나위 없다. 그 후 7개월여의 예심을 거쳐 15명이 유죄 결정으로 기소되었고, 공판은 1921년 3월부터 경성지법에서 개시되었다.

검사는 '폭발물취체규칙'과 '제령制令 제7호'를 적용하여 징역 8년을 윤세주에게 구형했고, 6월 21일의 결심공판에서 징역 7년이 선고 되었다. 다른 11명 동지에게도 유죄판결과 함께 징역형이 선고되었는데, 각인의 형량은 다음과 같았다.

곽재기·이성우 8년, 김기득·이낙준·황상규·신철휴 7년, 윤치형

신철휴 출옥 후 남부지방 의열단원들이 회합한 장면. 윤세주가 출옥하기 전의 타인들 사진(1927년 1월).

5년, 김병환 3년, 배중세 2년, 이주현李周賢·김재수金在洙 1년(집유 2년).

체포된 때부터 법정 판결 때까지 윤세주는 한 점 흐트러짐 없이 당당한 자세를 시종 견지했다. 조사받을 때는 입을 굳게 다물었던 그가 결심공판 때의 최후진술에서는 "영원히 조선사람의 애국열혈을 약동케" 할 웅변을 폭포수처럼 쏟아냈다. 감동적인 그 모습을 김원봉은 다음과 같이 전해주고 있다.

그는 체포된 이들 중 나이가 제일 어린 사람이었지만 시종 함구불언緘口不言했으므로 받은 악형은 누구보다도 심하였다. 최후로 적인敵人이 8년

(7년이 맞음 : 인용자) 도형徒刑을 언도하는 날, 그는 법정에서 그의 유명한 웅변을 열렬히 발표하여 전국을 진동시켰다. 그는 법관을 향하여 경고하는 말이, "우리의 제1차 계획은 불행히도 파괴되고 무수한 동지들이 피포被捕 판죄判罪되었지만, 피포되지 않은 우리 동지들은 도처에 있으니 반드시 강도 왜적을 섬멸하고 우리의 최후 목적을 도달할 날이 있을 것이다"라고 고함쳤다.

평소 다소곳한 성격의 소유자로만 보이던 윤세주가 발휘한 놀라운 웅변술은 오성학교 시절에 길러진 것이었다. '변론의 최고봉'이라는 세평이 무색하지 않게 오성학교는 매주 토요일마다 변론실에서 변론대회를 열어 웅변술을 연마토록 했고, 그 결실은 각종 대회에서의 수상으로 나타났다. 민중계몽과 애국애족을 주제로 하는 토론회도 자주 열었으며, 만해 한용운韓龍雲이 변론반을 종종 찾아와 격려해 주기도 했던 것이다.

윤세주는 원심 판결에 항소하지 않고 그대로 와신상담의 수형생활로 들어갔다. 불의한 일제 권력과의 여하한 타협도 거부하고, '선처'조차 구하지 않으려 했던 것이다. "개성이 굴강倔強하고 불요불굴의 의지를 가진 사람"이었다는 그는 결연한 자세로 부당한 감옥규칙에 반항하기를 계속하였다. 그의 수인번호이던 592(오구이)호는 그 발음이 마치 '오기'와 '기어이'를 조합시켜 놓은 것 같은 숫자였다.

간수에 대한 경례가 강요됨에 대하여 그가 어떻게 대응했는가의 예화도 그 점을 잘 보여준다. 감옥 안 죄수는 매일 기상 후 점호 때 간수를 향해 경례토록 하는 규칙이 있었지만, 그는 이 규칙을 무시해버리고 일절 경례하지 않았다. 그러자 간수들은 윤세주의 두 손을 붙잡고 머리를 내리누르면서 강제로 경례를 시켰다. 그런 강박에 의한 '절'이야 어쩔 수 없이 하게 되었을지언정, 스스로 경례하는 일은 그 후에도 결코 없었다. 이렇게 한 달을 상쟁한 끝에 간수들은 윤세주의 경례 받기를 포기하였다.

그와 반면에 윤세주는 옥중의 다른 죄수들은 무한한 연민과 동포애로 감싸 안았다. 출옥 후 그가 친지들에게 참담한 어조로 털어놓은 말에 따르면, "옥중 실상을 보고 민족의 비애를 느꼈다. 옆에는 변기를 두고 곰팡내 나는 묵은 조밥에 역시 냄새 나는 콩을 섞어 주는 밥이 역겨워 못 먹으면, 뒤에 들어온 죄수는 그것도 모자라서 서로 더 먹겠다고 아우성이어서 순식간에 없어지더라"는 것이었다. 그래도 그는 처연한 심정을 스스로 달래면서 "강도 살인 소매치기 등에게까지 부단히 교육하여 독립사상을 불어넣었다" 하였다.

그의 말은 언제나 구슬을 꿴 듯 줄줄이 이어져 막힘이 없었고, 재담이 넘치어 사람들의 마음을 사로잡았다. 그래서 많은 죄수들이 감화를 받아, 출옥 후에는 먼 데서까지 그를 찾아와 지도를 받고 혁명공작에 참가한 사람이 적지 않았다 한다.

그런 한편으로 그는 옥중에서도 부단히 독서하고 사색하며 지성을 연마했고, 사회사상과 사회문제에 대한 소양 또는 안목을 기르는 데도 시간을 많이 투여했던 것 같다. 그의 유품 중에 형무소의 '간독看讀 허가증'이 날인된 일어본 교재가 있다. 『조도전대학早稻田大學 문학과文學科 강

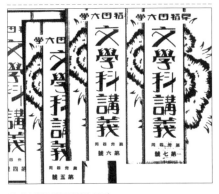

와세다대학 통신강의록 표지

의』라는 표제가 붙어있고, 1923년 4월의 '제34회 제1호'부터 동년 5월의 제7호까지를 현재도 후손이 보관하고 있다. 이는 그가 당시로서는 '유일무이의 독학자수기관'임을 자부하고 있던 와세다대학의 통신강의록을 옥중에서 받아보면서 자기 요량대로 읽고 공부했을 개연성이 있음을 말해준다.

이 통신강의는 정치경제과, 법률과, 문학과, 중학과, 상업과, 고등여학과의 5개 학과에 걸쳐 매회 1년 6개월 과정으로 제공된 것이었다. 윤세주는 그 중 문학과를 택하여, 1923년 4월부터 1924년 9월까지 진행된 제34회분 강의록을 꾸준히 구독했던 것으로 보인다. 강의과목 중에는 순전한 문학 분야만 아니라, 사회학, 철학, 심리학, 윤리학, 문화사, 부인문제 등, 폭넓은 일반교양 수준의 인문학 및 사회과학 과목도 들어있었다.

이들 과목 교재를 통해 윤세주는 인간과 사회 그리고 역사를 보는 안목을 상당 정도 키워간 것으로 여겨진다. 그로부터 10년쯤 뒤에 그가 남경의 조선혁명간부학교 교관이 되어서 강의한 교과목 명과 이들 통신강의 교과목 명의 상관도가 비교적 높은 점에서도 그런 추리가 가능해진다.

갑갑하기 그지없는 옥중생활에서 독서와 공부의 여유를 챙긴 것이 그나마 하나의 위안이 되었다면, 아내의 편지를 받아보는 것은 다시 얻기 어려운 기쁨이었다. 조실부모했던 때문에도 결혼 전에 학교를 다녀본 적이 없었던 부인은 남편이 옥중에 있는 동안 야학에 열심히 다녀서 글을 익혔다. 그리고는 서툰 글씨체로나마 또박또박 연필로 쓴 편지를 간수에게 들키지 않도록 솜옷 속에 비벼넣어 보냈다. "남편이 보기에 그 편지글이 얼마나 안타까웠을까" 하고 그녀는 조카에게 부끄러운 듯 말했다. 그럼에도 오간 편지는 수없이 많았다 한다.

1924년에 윤세주는 칙령 제10호에 의하여 5년 4월 20일로 감형 받았다. 그렇다면 선고일자로부터 형기를 기산하되 미결구류일수 200일을 공제해서 1926년 8월 20일경에는 석방되었어야 한다. 같이 7년형이 언도된 황상규가 1926년 4월에 출옥한 것도 그래서였다.

하지만 그의 형기는 밀양 만세시위 사건으로 궐석재판에서 선고되었던 1년 6월형이 더해져서 1928년 2월까지로 연장되어 있었다. 그래도 다행히 형기 만료 전에 출옥하게 되었다. 일왕 다이쇼大正의 1주기를 맞아서 1927년 2월 초에 행해진 특사출감 대상자 15명에 경성형무소 재소자 중에서는 유일하게 그가 포함된 것이다.

마침내 2월 7일 저녁에 그는 석방되어, 마포의 형무소 문을 삭발인 채로 나왔다. 피체 후 6년 7개월여의 시간을 철창 속에 갇혀 있다가 비로소 자유의 몸이 된 것이다. 그의 손에는 매일 60장 이상으로 부과되었던 봉투 만들기 역役의 대가로 받은 10전이 쥐어져 있었다. 그것으로 차비 삼고 당일 막차로 귀향한 그는 출감을 손꼽아 기다리던 부인과 연로해진 부모, 그립던 형제·조카들과 반갑게 해후했다. 먼저 출옥해 있던 황상규·윤치형과도 재회의 기쁨을 나누었다.

훗날 중국의 중경重慶에 체류 중이던 1940년의 어느 봄날, 떨어지는 복숭아꽃을 바라보며 석정은 옆자리의 동지 이평산李平山에게 "나의 청춘은 중경의 봄과 같았소"라고 나지막이 말했다 한다. 20대 '청춘기'를 옥중에서 그저 잊어버린 듯 지냈던 것을, 오는 줄 가는 줄 모르게 지나가는 중경의 봄에 빗대어 잠깐 쓸쓸히 회상해 본 것이리라.

석정의 옥바라지 때문에도 그동안 본가는 가세가 점점 기울어서, 4대를 이어 살아온 내이동 집과 텃밭을 조금씩 나누어 팔고는 서편 들녘 밖인 부북면 감천리甘川里 59번지로 이사해 있었다. 그러니 그가 출옥하여 당도한 곳은 생판 낯선 집이었지만, 곧 사랑채를 지어서 부인과의 새 거처를 꾸몄다. 여기서 1년 정도 살다가 그는 1928년경에 부인의 신병 치료를 위해 부산 사는 사촌형 윤정호尹貞浩의 집으로 옮겨가 한동안 신세를 졌다. 그 후 부친은 산내면 시례리로 다시 옮겨가서 칩거했고, 그의 시중과 봉양은 석정의 부인 하소악이 거의 전담하였다.

돌아온 사자, 청년운동 참여로 첫발을 내딛다

윤세주가 출옥해서 보니, 그 동안에 동지 여러 명이 병고를 겪다가, 혹은 옥고와 고문 여독으로, 아니면 옥중 자결로, 세상을 떠나고 없는 것이었다. 뒤늦게 그런 사실을 들어 알게 된 그는 비통한 마음으로 늦은 조상_{弔喪}을 하고, 그들 몫까지 더하여 끝까지 대적 분투할 것을 다짐했다. 일제의 총독통치 체제와 무도한 식민지정책에 대한 분노와 항거 의지는 사그라지기는커녕 더욱 강하게 불타올랐다.

　그래도 대부분의 고향 선배와 동지들은 건재해 있었다. 그들은 다들 석정의 출옥을 기뻐하며 장기 옥고에 대해 위로해주었다. 그런 한편으로 성숙해지고 더 믿음직스러워진 석정의 모습을 대하면서 기대감 같은 것도 감추지 않고 내보였다. 부응하듯이 석정은 의열단 용사들인 황상규·윤치형·김병환 3인과 함께 밀양의 사회운동 조직에 들어가서 혁신과 단결을 기하도록 하고, 사회운동을 통한 항일역량 강화와 기반 다지기에 나서기 시작했다.

　우선 그는 밀양의 청년운동에 가담하였다. "1920년 창립 이후로 근근이 보존되어 오다가 이를 떨쳐내고자 부흥기성회를 조직"할 정도로 활동이 부진했던 밀양청년회가 1927년 3월에 제13회 정기총회를 개최하여, 자체 혁신과 밀양사회 개혁의 방안을 모색하였다. 총회의 임시의장은 '경북의열단사건(일명 '이종암사건')'으로 세 번째의 옥고를 겪고 방금 출옥한 '밀양청년운동의 대부' 김병환이 맡았다. 그의 노력으로 황상규·윤치형·윤세주가 4월의 9인 집행위원 개선 때 신임 위원으로 이름을 올리게 되었다. 원숙한 지도력과 투쟁성을 겸비한 이들 4인이 청년회를 혁신 재건시키고 견인해 갈 것이 기대되는 순간이었다.

　그런데 그 해 10월 23일의 제14회 정기총회에서 당시의 전국적인 추세처럼 회원 연령 제한 문제가 제기되었다. 논의 끝에 20세 이상 30세 이내로 제한하는 기존 규정이 재확인 결의되었다. 이에 따라 김병환·황상규·윤치형을 포함한 30세 이상 임원진이 전원 사직했고, 윤세주만 남아서 집행위원장이 되었다.

　그러다 1928년 7월 20일에 개최된 제15회 정기총회에서 청년회 해체와 청년동맹 조직이 결의됨과 동시에, 회원 연령 상한이 27세로 더 낮춰졌다. 이에 윤세주는 자기 나이가 29세임을 들어, 위원장직을 사임하고 신간회 지회 활동에 전념할 의사를 밝혔다. 그러자 7월 29일의 밀양청년동맹 창립대회에서는 회원의 연령 상한을 다시 30세로 높이고, 윤세주를 위원장으로 재선출하였다. 그에 대한 청년층의 신망이 얼마만큼 돈독한지를 단적으로 보여주는 사례였다.

그렇지만 그는 수임을 고사했고, 대신에 산외면 형평사원衡平社員 사건의 조사위원 4인 중 1인으로만 남겠다고 했다. 결국 8월 11일의 청년동맹 제2회 집행위원회에서 윤세주 사임 건이 처리되고 조용숙趙鏞肅이 후임자가 되었다. 그런 후 이듬해 7월의 임시대회에서 회원의 연령 상한을 25세로 낮추기로 재결정되었다. 창립대회 때 연령 상한을 올린 이유가 무엇이었는지를 다시금 보여주는 일이었다.

청년조직 회원의 연령 상한이라는, 어찌 보면 사소한 문제에 지나치게 집착하거나 공연히 소란 떠는 모양새를 밀양 청년들이 내보인 것은 그들만의 특별한 고집이나 특수한 지역사정 때문인 것이 아니었다. 그것이 당시의 일반적인 추세였고, 전국적인 현상이었다. 그렇게 된 데는 기성세대에 대한 신진세대의 불신과 불만, 민족·사회 운동의 헤게모니가 구세대로부터 신세대로 속히 이양되어야 한다는 급진청년층의 열망과 요구, 그런 세대교체 추이와 그 결과가 자파에게 여러모로 득이 될 것임을 확신한 사회주의자들의 부추김이 있었다. 그래서 밀양청년동맹의 조직 주도층도 상부선의 지침에 따라 회원의 연령 상한을 30세→27세→25세로 계속 낮춰가려 했던 것이다.

그러나 윤세주라는 인물이 갖는 상징적 위광과 실제적 역량, 그 무게감과 전투성의 조화를 그냥 놓아버리고 싶지는 않았기에, 특별 고려에 의한 변칙적인 역진 인상의 제안도 중간에 나왔던 것이다. 하지만 윤세주가 사세에 어두운 맹목한이었겠는가. 일면 서운하고 일면 씁쓸한 심정이기도 했겠지만, 그래도 시대의 대세에 호응하고 후배들의 성장과 그 의기 발양을 장려하기 위해서도 자기는 측면 지원만 함이 옳다는 사려와 겸손으로 그는 청년동맹 집행위원장 취임을 한사코 사양했던 것이다. 그리고 다른 한편으로는 차제에 신간회와 청년동맹의 위상을 분명히 구분 짓고 확실한 역할 분담도 기하고자 하는 뜻이 담겨 있었을 것이다.

밀양 신간회운동에 주도적으로 참여하다

윤세주가 출감한 달인 1927년 2월, 서울에서 반反자치론 절대독립 노선의 '비타협적' 민족주의자들과 공산주의자들의 일대 연합전선 조직으로 신간회新幹會가 결성되었다. 그 후 신간회 중앙본부는 자체의 인적·조직적 역량을 확충해 가면서 지방조직의 구축에도 힘쓰기 시작했다.

그런 흐름 속에서 밀양에서도 신간회 지회 설립 움직임이 시동되어, 1927년 12월 11일에 지회 창립준비회가 개최되었다. 당일 11시 30분에 유지 20여 인이 밀양청년회관에 모여서, 윤치형의 사회로 지회 설립안을 가결시켰다. 이어서 설립준비 집행위원 13인을 선임했는데, 김병환·황상규·윤치형과 함께 윤세주도 위원 중 1인으로 뽑혔다.

이 날의 준비회에서 결의된대로, 일주일 뒤인 12월 19일에 신간회 밀양지회가 창립되었다. 오후 2시부터 청년회관에서 거행된 창립대회에는 회원 70여 명과, 경성·대구·양산·김해에서 온 축하내빈 7인이 참석하였다. 경성 본부의 정헌태鄭憲台가 신간회 취지를 설명했고, 임시의장 황상규의 사회로 본부 규약을 낭독하고 지회 규칙을 통과시켰으며, 윤세주가 경과보고를 하였다. 그리고는 임원선거에 들어가서, 회장에 황상규, 부회장에 김병환, 총무간사에 안병희安秉禧, 윤세주, 박임수朴王守 등 5인을 선출한 다음, 내빈들의 연이은 축사를 끝으로 대회는 4시에 종료되었다.

이튿날 저녁에는 지회 창립 기념 강연회가 열려서, 황상규의 사회로 정헌태와 양산의 유력 운동자 전혁全赫·김철수金喆壽가 연사로 나와서 4시간 반 동안 진행되었다. 창립대회 이후로 회원 가입자가 급속 증가하여, 며칠 사이에 130여 명이나 되었다.

신간회 밀양지회의 창립과 조직구성을 주도한 이들은 3·1운동과 의열단 창건 및 밀양폭탄사건, 그리고 지역 청년운동에 직접 참여했거나 이끌어 온 인물들 중심의 전투적 민족주의자들이었다. 특히 황상규와 윤세주가 출옥하여 지역의 민족운동을 다시 활성화시키면서 그 기운과 세력이 신간회 지회 설립으로 결집된 것이다. 의열단 투쟁의 신화가 그들의 후광을 이루고 있었기에, 지역의 젊은 사회주의자들도 그들의 경험과 식견을 존중하고 지도받으려는 자세였다.

창립 두 달 후인 1928년 2월에 지회가 발표한 운동방침 7개 항은 본부가 제시했던 6개 항의 운동방침이나 양산지회의 그것과 비교해 봐도 상당히 강도 높은 수준의 정치투쟁 노선을 예고하는 것이었다. 그런 점역시 황상규·윤세주 등 중심인물들의 개별 특성과 무관하지 않았을 것이다. 그 후 2년 여 동안 밀양지회는 필요한 조직체계를 갖추고 나름의 원칙과 방향을 정해놓은 위에서 활동을 펴나갔다.

1927년 12월부터 이듬해 4월경까지 밀양지회의 월례 간사회의와 주례 총무간사회의에서 결정된 주요 사항들을 추려보면 다음과 같다.

① 본부대회 출석 대표로 황상규·김병환·안병희·윤치형·정광호鄭 光浩를, 후보로 윤세주·박임수를 선정

② 군내 각 면에 선전대를 파견하고, 본회 강령에 합치하는 단체들을 적극 원조하기로 결의

③ 부서 정리 및 부서별 총무간사 선임 : 서무부 박임수, 재정부 윤치 형, 정치문화출판부 정광호, 조사연구부 김병환, 조직부 윤세주, 선전부 김희지金熙址

④ 신간회 창립 1주년 기념식을 성대히 갖기로 하고, 그 준비는 서무 부와 조직부에 일임

⑤ 김해와 양산의 지회 창립대회에 안병희와 윤세주 2인을 파송키로 결정

이처럼 신간회 밀양지회의 창립 준비 및 창립 후 초기 활동 단계에서 윤세주가 창립준비회 서무부 집행위원, 창립대회 때의 경과보고자, 조 직부 총무간사, 본부대회 출석 후보대표, 신간회 창립 1주년 기념식 준 비 주관자, 인근 군 지회 창립대회 축하사절 등의 기간基幹 요원으로 연 이어 선임 또는 지명되어 중심적 역할을 맡아 했음을 볼 수 있다. 그야 말로 그가 신간지회를 중심으로 하는 밀양 사회운동권의 '신간'이었다. 또한 그는 밀주유림친목회의 반동적 책동을 저지하기 위한 4인 조사위 원이 되어 적극 조사활동을 벌이는 등, 시대정신에 배치되는 세력이나 단체들의 준동을 견제 또는 격퇴하는 일도 마다하지 않았다.

그러나 1927년부터 밀양 지역사회의 현안 중 하나로 대두한 국농소

國農沼 소작쟁의(정확히는 '소작권 분쟁')에 윤세주가 직접 관여한 흔적은 보이지 않는다. 대규모 개간농지의 소작권을 둘러싸고 이해관계가 복잡하게 얽혀 있고, 지원하는 사회운동세력들 사이의 알력이 점차 표면화해 가고 있는 사안이었다. 밀양 신간지회 총무간사회에서 이 문제에 대해 조사연구부가 조사하여 보고토록 결정한 바 있지만, 그 결과는 확인되지 않는다. 청년회나 신간지회 양쪽 다 해결을 위한 지속적인 활동도 없었던 것 같다. 이것은 두 조직 각각의 사회운동 역량의 한계를 보여주는 것이기도 했고, 또 다른 현안이었던 읍내의 군청 청사 이전 문제가 읍내 밖의 소작권 분쟁 문제에 대한 관심을 압도하고 있었음도 의미한다.

신간회 밀양지회는 비타협적 민족주의 계열의 주장에 호응하여 1928년 2월에 로치데일Rochdale 방식을 따르는 협동조합을 결성했다. 1929년 상반기에도 밀양지회의 간사회의 개최 소식이 수차 신문에 보도되었다. 그 기사들을 통해, 회원을 13개 반으로 조직, 연계소蓮桂所 회관 당직 및 숙직 지정, 밀양강변 마암馬岩에서의 원유회園遊會 개최, 상식강의 개최, 경북 한재旱災 구제 음악대회 개최 등의 결정이 있었음을 알수 있다.

신간회 활동에 대한 경찰의 탄압과 방해에 맞서는 방책으로 열리게 된 1929년 6월의 전국 복대표대회 때 황상규는 밀양·양산·울산 3개 지회로 구성된 양산 소구회小區會의 대표로 참석하였고, 중앙간부진 선출을 위한 경남 몫 전형위원으로 선임되었다. 이에 그는 중앙집행위원과 중앙검사위원 선출시 27인 대표 중 허헌許憲 다음으로 많은 횟수의 추천권을 행사하는 활약을 보였고, 그 자신도 중앙집행위원으로 선임되었다. 이어서 7월 4일의 중집위 회의에서 그가 서기장으로, 본부의 각 부장 전형시에는 서무부장으로 겸임 피선되었다.

경찰의 금압 조치에도 아랑곳없이 1930년 2월 하순에 강행한 임시대회에서 밀양지회는 얼마 전부터 사회주의자들이 제기하기 시작한 해소론에 반대하는 입장임을 결의 형식으로 표명했다. 4월에 열린 제3회 정기대회에서 큰 폭의 임원개선이 있었는데, 윤세주의 이름은 그의 오랜 동지들과는 달리 명단에서 발견되지 않는다. 그러나 김병로金炳魯 대행체제에서 1930년 9월 개최 예정이던 복대표대회에 출석할 각 지회 대표로 본부에 보고된 명단에는 밀양지회(회원 수 153명) 대표로 조용숙과 윤세주가 적기되어 있었다. 1931년 1월에 열린 제4회 정기대회에서도 밀양지회는 일관되게 신간회 해소 반대를 결의하였다. 인근의 마산지회와 양산지회도 같은 결의를 내고 있었다.

그것은 황상규가 일관되게 취하고 있던 입장과 동일한 것이기도 했다. 1930년 11월에 서무부장 직에서 면임될 때까지 황상규는 신간회 해체론을 계속 공박하고 시종일관 반대 입장을 피력했다. 그래서 사회주의진영과 급진청년층 중심의 해소론자들로부터 맹렬한 공격을 받기도 했다.

결국은 그의 노력과 고심도 헛되이, 중앙 신간회는 1931년 5월에 자체 결의로 해체 소멸되었다. 그리고 그 해 9월 2일, 1910년대의 일합사에서 시작하여 광복단·광복회와 길림군정서를 거쳐 의열단으로 이어진 항일투쟁의 용장, 그리고 신간회운동 대오에서는 '민족주의 좌파의 맹장'으로서 굳건히 자기 목소리를 내며 한몫 했던 황상규는 고되어 병든

육신을 더 지탱하지 못하고 마흔 둘 나이로 세
상을 떠났다.

백민 황상규

황상규의 장례식은 윤세주가 주동하여 수십
개의 사회단체 공동 주관의 사회장社會葬으로 치
러졌다. 밀양군민은 물론이고 전국 각지의 수만
명 동지들이 조문객이 되어 구름처럼 모여들었
다. 경남도경은 자체 병력만으로 감당이 안 되
자 경북·충남북·경기 4개 도경의 지원을 받아
가며 장례행렬을 감시했다.

밀양 읍내 시가지가 완전 철시하자 경찰은 장
례행렬이 대규모의 시위대나 봉기군으로 순식간에 변할까봐 겁을 먹었
다. 그래서 장의위원과 상주를 검속하고, 사진, 비문, 조기, 영결문, 만
장, 명정銘旌을 모조리 압수하는 만행을 저질렀다. 이에 수만 군중이 조
음弔音을 질러내며 경찰서를 포위하자, 당국은 경남·경북 경찰을 총동
원하여 겨우 진압했다.

황상규의 별세는 신간회 밀양지회의 사실상의 소멸과 3·1운동에서
의열투쟁 세대까지의 운동일선 후퇴를 예고하는 것이었다. 만주사변 발
발 직후인 1931년 10월부터 이듬해 7월까지 밀양에서는 검거 선풍이
휘몰아쳐서 합법적인 사회운동이 불가능해졌고, 운동은 전반적으로 침
체해 갔다. 그런 소용돌이를 뒤로 하고 윤세주는 1932년에 중국으로 망
명길을 떠나는 것이다.

출옥 후의 석정의 운동 행로는 청년운동 지원이나 신간회운동 참여로만 그친 것이 아니었다. 그 이상으로 그는 언론을 통한 선전계몽사업과 항일공작에도 발을 들여놓아 매우 활동적인 행보를 내보였다. 이것 또한 심중한 의미를 띤 사실이었다.

언론계몽과 선전이 항일투쟁의 유효한 방책이 될 것임을 진작 간파하고 3·1운동 때 적극 활용도 해보았던 윤세주가 항일언론투쟁을 본격화시킨 것은 출옥 후의 일이다. 이 방면에서 그가 활약을 보인 최초의 사례는 1928년 2월의 경남기자대회 겸 경남기자동맹 제1회 정기대회 석상에서 한 발언과 그로 인한 검속사건이다.

경남기자동맹은 1925년 3월 22~23일, 진주에서 처음으로 경남기자대회가 개최되었을 적에 신문지국장 23명과 일반기자들이 다수 참가하여 결성된 단체였다. 그 제1회 정기대회가 경남기자대회를 겸하여 1928년 2월 4일 오후 1시에 부산 대창정大倉町 소재 국제관에서 70여 명 출석 하에 열렸던 것이다. 대회장에는 경남 경찰부와 부산경찰서로부터 수십 명의 정사복 경관이 파견되어 나와서 엄중경계를 하였다.

첫날은 의안 작성과 "동직자간 강고한 협동과 엄정한 필봉으로써 언론의 권위를 신장 발휘"라는 요지의 '경남기자동맹 선언' 발표, 그리고 3개 항 강령(보도의 공정, 호상협동, 대중복리에 공헌) 채택으로 일정이 끝났다. 이튿날인 2월 5일에는 80여 명이 출석했고, 경찰의 경계가 더 엄중해진 가운데 의안 토의가 진행되었다. 전날 선정된 4개 부 14건의 의안을 축조 낭독한 후, 토의 순서를 놓고 격론을 벌인 끝에 제3부 '당면문제'부터 토의에 들어갔다. 그러나 '3총(노총, 청총, 농총) 해금에 관한 건' 등 4~5개 항은 치안방해 염려가 있다는 임석 경관의 금지 조처로 거론조차 못하고, 다른 몇 개 항도 경관이 "주의"·"중지"를 연호하는 통에 토의가 제대로 이루어지지 못했다. 그로 인해 장내에는 매우 긴장된 분위기가 감돌았다.

그러던 차 "신간회에 관한 건(전민족적 총역량을 집중한 단일당 신간회를 적극적으로 지지할 것)"의 토의 순서가 되었을 때, 윤세주가 발언권을 얻어 '전민족적 정치투쟁'에 관해 열변을 토하기 시작했다. 그러자 임석 경관이 "주의!"를 외치며 급히 제지하더니, 폐회 후 그를 검속하여 부산경찰서로 연행해 갔다. 이에 대회 집행부 위원들이 부산경찰서로 담당 경부를 찾아가 항의하며 교섭하였고, 그 덕에 그는 큰 탈 없이 석방되었다.

이 대회에 윤세주가 참석했음은 당시 그가 어느 신문사 소속이든 주재기자나 지국장 직에 있었다는 의미로 받아들여진다. 김원봉의 회고문에는 윤세주가 출옥 후에 중외일보 기자가 되었다는 구절이 있다. 이육사李陸史가 1934년과 1935년에 각각 피의자와 참고인 신분으로 경찰에서 한 진술 중에도 윤세주가 중외일보 '기자'였다거나 그 신문사의 '영업국 서무부장'을 지냈다는 얘기가 나온다.

그런데 1927년 2월부터 1931년 종간 때까지의 『중외일보中外日報』 지면을 아무리 뒤져봐도 지국장 또는 지방주재 기자 발령 '사고社告'란에서 윤세주의 이름은 보이지 않는다. 혹시라도 지국 아래 분국의 국장이나 기자여서 그랬던 것일까? 1930년에 밀양지국 수산守山분국 주재기자

발령 사고가 눈에 띄는 걸 보면, 그것도 아닌 것 같다.

중외일보 밀양지국이 처음 설치된 때는 1928년 6월이었으니, 제1회 경남기자대회가 개최되었던 2월에는 밀양지국 기자나 지국장이 있었을 리 없다. 초대 지국장은 안헌수安憲洙였고, 기자로 안동수安東洙와 안○구安○九가 임명되었다. 그리고 1930년 4월에 박병륜朴炳崙이 지국 총무 겸 기자로 임명되었는데, 그는 앞서 1927년 12월에 윤세주와 함께 신간회 지회의 총무간사로 선임되었던 이다.

아니면, 윤세주가 혹시 다른 신문의 지국장이나 기자였을까? 가능성이 없지는 않은데, 동아일보 밀양지국장은 1925년 5월 이래 계속해서 김희지였음이 확인된다. 그 또한 1927년에 신간회 밀양지회 선전부 총무간사로 선임되었고, 경남기자동맹 제1회 정기대회에서는 동부구東部區 간사로 선출된 인물이다.

그렇다면 밀양 신간지회 활동의 중심에 서 있던 윤세주도 김희지와 함께 동아일보 밀양지국이나 예하 분국의 기자가 되었을 가능성이 남아 있다. 하지만 1927년부터 1931년까지 사이에 밀양지국 기자를 임명하는 내용의 몇 차례 『동아일보』 사고에 그의 이름이 나오지 않는다. 만에 하나, 그가 부산으로 이사 가있을 적에 거기서 기자로 활동했을 가능성도 배제하진 못한다. 어떻든 현재로서는 해명이 안 되고 남는 문제가 된다.

1930년 4월 12일에 제5회 경남기자대회가 밀양의 조일극장朝日劇場에서 이틀 일정으로 개최되었다. 이 대회도 여느 때와 마찬가지로 경찰의 지독한 감시와 규제를 받으면서 치러져야 했다. 개회식 때 읽으려던 네

통의 축문과 축전이 임석 경관에게 압수당했고, 내빈 축사 순서에서도 윤세주의 "의미 있는 축사"가 중간에 제지당했다.

밀양이 이 대회의 개최지가 된 것이나 윤세주가 축사를 했다는 사실이 모두 경남지역 언론계에서의 그의 비중과 영향력을 짙게 반영한 것이었을 터이다. 제1일 회의 종료 후에는 밀양기자동맹, 밀양청년동맹, 근우회 밀양지회, 신간회 밀양지회 등 각 단체 주최의 성대한 연회가 베풀어졌고, 연회 후에는 참가자들이 밀양의 각 단체원들과 함께 농악을 울리며 성내를 일주하였다.

이튿날도 대회는 70여 명이 참석한 가운데 속개되었다. 이날은 경관의 '주의'·'중지' 연호에도 개의치 않고 의안들을 속속 결의하였다. 그러자고 제안하고 독려한 당사자, 혹은 그런 제안을 주도한 이는 바로 윤세주가 아니었겠나 하는 생각을 지울 수 없는 대목이다. 아무튼 1928년부터 약 3년 동안 윤세주가 지역 신간회운동의 다른 한편에서 항일언론투쟁의 전면에도 나서고 있었음을 알 수가 있는 것이다.

중외일보와 '경남주식회사' 경영 참여 : 절반의 수수께끼

다음으로, 그가 중외일보 영업국 서무부장이었다는 얘기에 관해 살펴볼 차례이다.

중외일보는 '신문 제작의 귀재'로 인정받고 있던 중견 언론인 이상협李相協이 경영난에 처한 시대일보를 인수하여 발행인 겸 편집인이 되고, 호남 재벌 백인기白寅基의 출자를 받아 1926년 11월에 창간한 일간지였다. 대중성을 표방하는 색다른 지면 구성으로 단시일에 구독률을 높였는데, 창간 후 2년 동안 63회나 기사 삭제를 당하고 수없이 발매금지 되었을 정도로 총독부 당국의 상시적 주목과 감시를 받은 신문이기도 했다. 급기야 1928년 12월 6일자의 논설이 문제되어 무기정간 당했고, 그 조치가 42일 만에 해제되기는 했지만 타격이 워낙 커서, 그 후 8개월간이나 속간을 못할 만큼 재정난이 심해졌다.

이에 이상협은 무역회사 백산상회白山商會를 안희제와 함께 경영해 온 의령 출신 독립지사이면서 '마산 부호'로 이름 높던 이우식李祐植을 실질적인 사주社主로 영입하여 자본금 15만 원을 전액 불입토록 하고, 1929년 9월 1일자로 신문사를 주식회사 체제로 바꾸었다. 동시에 임원진 개편도 단행되어서, 안희제가 신임 사장으로 취임하고, 이상협은 부사장으로 전임되었다. 또한 신간회 대구지회장이던 최윤동崔胤東에게 영업국장 직이 맡겨졌다. 그는 1927년 신간회 밀양지회 창립대회에 신상태申相泰와 함께 축하내빈으로 참석했었다.

이는 부산-마산-의령-대구 벨트로 이어지는 영남지역의 저명 독립지사들이 일제의 극심한 언론통제 시기에 '3대 민족지'의 하나로 급부상한 중외일보의 새 경영진을 이루게 되었음을 말해준다. 그 즈음 1929년 하반기에 제3차 조선공산당('ML당') 사건 공판이 진행 중이었고, 11월에는 광주학생운동이 발발하여 전국으로 확산되어 갔다. 이런 상황을 배경으로 총독부의 검열이 일층 강화되어 기사 압수가 빈번히 자행되던 시기에 안희제 등이 나서서 신문 경영의 책임과 위험을 함께 떠안은 것이다.

새 경영진은 처음부터 적극적인 영업정책을
취하여 밀고나갔다. 1일 2회의 조석간 발행을 시
작하여, 4면씩 2회, 1일 8면 발행이라는, 한국 신
문사상 초유의 대담한 증면으로 언론계에 파문을
일으켰다. 1930년 2월에는 발행인 겸 편집인 명
의를 이상협에서 안희제로 교체하여, 편집권까지
도 새 경영진이 완전히 접수하였다.

백산 안희제

그러면 이러한 일련의 경영권 인수 및 재확립
과정에 윤세주가 개입했거나 모종의 비중 있는
역할을 맡았던 것인지, 궁금하지 않을 수 없다.

백산 안희제는 오래 동안 국내 항일독립운동을 비밀리에 지원해 오
던 중에 의열단 조직과도 일정 부분 관계를 맺었던 흔적들이 보인다. 그
러므로 그와 석정 사이에는 상당한 수준의 상호 인지와 기대가 있었을
수 있다. 어쩌면 실제적인 교류와 연계가 진행되고 있었을지도 모른다.
앞서 언급했지만, 석정이 1928년경에 '부인의 신병 치료차' 부산으로
옮겨가 살았던 적이 있음을 유의해 보아야겠다.

그러기에 백산이 경제적 이득을 노리는 사업의 의미로가 아니라, 신
문 지면을 통해 '합법적' 수준에서 대중들의 항일의식과 독립사상을 배
양시킨다는 '선전공작'의 취지로 중외일보를 인수했다면, 그리고 석정
이 일찍이 10년 전의 간고한 조건에서도 '독립신문 경남지국'을 세워서
운영한 바 있음을 백산이 알고 있었다면, 당연히 석정과 접촉하여 그의
조력을 요청했을 것이다. 그래서 석정이 중외일보사에 중간 간부급 직

명으로 들어가서 그 경영에 깊이 관여했을 수 있는 것이다.

일제 강점기 언론사言論史 관계의 한 자료에는 1930년도의 중외일보 영업국 서무부장으로 김영대金永大라는 이름이 등장한다. 그런데 이육사가 1930년 2월부터 1년여 동안 중외일보 대구지국 기자를 지냈고, 1932년 여름부터 1년간 중국에서 윤세주와 절친한 관계로 함께 지낸 바도 있으니, 앞서 언급했던 그의 진술, 즉 윤세주가 중외일보 영업국 서무부장이었다는 진술을 영 잘못된 것으로 배척하기가 어렵다. 분명 근거 있는 얘기였을 것이다. 1930년 11월의 어느 하루 『동아일보』지면에도 윤세주를 '중외일보 사원'으로 지칭하는 부음訃音 기사가 나온바 있으니 더욱 그렇다. 어쩌면 육사가 '기자'라는 단어를 기자직·영업직 가리지 않고 신문사 사원을 두루 일컫는 표현으로 쓰던 언어습관에서 윤세주를 '중외일보 기자'였다고도 무심코 진술했을 수 있다.

그렇다면 '서무부장 김영대'라는 기록을 다른 각도에서 해석해 볼 여지는 없을까? '보안사범' 전력자로서 일제 관헌의 상시적 감시 대상이었을 윤세주가 신문 경영에 어떤 식으로든 관여하게 되었을 때 부득불 내세워야만 했던 가공의 인물(가명)인 것은 아니었을까? 설사 김영대가 실존 인물이었다 할지라도 이름만 빌렸을 뿐이지, 실제로 서무부장 직책을 맡아 수행하면서 그에 부수되는 모든 권한도 행사한 이는 윤세주가 아니었을까? 아니면, 경영난이 더 심화된 1930년도 이후의 어느 시점부터 윤세주가 김영대의 뒤를 이어 그 직책을 맡게 되었던 것일까?

현재로서는 자신 있는 답을 낼 수가 없다. 하지만 이런 추리가 어느 정도 근거와 설득력을 갖는 것이라면, 윤세주의 항일언론투쟁의 보폭과

경개景概는 생각보다 훨씬 더 크고 넓은 것이었다 하겠다.

중외일보는 새 경영체제의 도입-구축에도 불구하고 재정상태가 좀처럼 호전되질 않아서, 1930년 10월 15일자부터 자진 휴간에 들어갔다. 연초부터의 10개월 동안 무려 110회나 기사 삭제·압수를 당했으니, 재정난은 기실 치열한 항일언론투쟁의 후과後果였던 셈이다.

편집부장 김형원金炯元 등 몇몇 사원들의 노력으로 4개월 만인 1931년 2월 15일에 속간하기는 했는데, 세계 대공황의 파장 때문에도 재정난을 벗어나기가 여간 힘든 게 아니었다. 그러다보니 다시 4월에 휴간하게끔 되었다. 급기야 두 달 후인 1931년 6월 19일에 『중외일보』는 지령 1,492호로 종간호를 내게끔 되었고, 9월 2일 주주총회에서 주식회사 해산이 결의되고 말았다.

이 시기의 윤세주의 활동 역량과 반경은 언론 분야만 아니라 인쇄·출판 분야에도 미치고 있었다. 일제 강점기 회사·조합 관계의 자료를 보면, 1929년에 윤세주가 경남인쇄주식회사의 등기이사 4명 중 최선임자로 등장한다. 이 회사는 백산상회의 주도로 1916년에 설립되어 부산 영주동瀛州洞에 터 잡고 있었다. 공칭 자본금 5만 원에 불입금이 17,500원이었고, 1천 주를 47명 주주가 분점하고 있었는데, 169주를 소유한 최대 주주 안준安浚이 1928년 12월에 사장으로 취임하였다.

1889년생인 안준은 창원 출신의 서울파 사회주의자였고, 1926년 밀양으로 주거지를 옮겨서 동아일보 밀양지국 수산분국을 개설하여 분국장이 되었다. 이듬해 국농소 소작쟁의가 발생했을 때 그 수습을 위해 조직된 은산銀山농민조합의 위원장으로 선출된 후, 조선농민총동맹에 밀양 대표로 참가하여 집행위원이 되었고, 신간회 밀양지회 창립준비위원으로도 활동하였다.

그러므로 안준과 윤세주는 상당 정도 기맥이 통하는 사이가 되었을 것이고, 그 연고로 두 사람이 각각 경남인쇄(주)의 사장과 선임이사로 같이 진출했던 것 같다. 그런 행보의 이면에는 단순한 경영참여를 넘어서 백산상회처럼 운동자금을 은밀히 조달-공급하려 했거나, 부산의 노동운동·학생운동을 배후지도-고무하려는 포석이 있었을 수 있다. 김원봉이 「석정동지 약사」에서 윤세주가 "민족문화사업에 참가하여 중외일보 기자와 경남주식회사 사장이 되어 표면활동을 하면서 비밀리에 학생운동과 노동운동을 진행"했다고 서술해놓은 부분을 이런 의미로 읽을 수 있는 것이다.

그러면서도 윤세주가 '사장'이었다는 김원봉의 표현이 좀 걸린다. '이사'라는 직위 명을 살짝 비틀어 표현한 것인지, 아니면 공식 직위에 관계없이 그가 실질적인 사장 역할을 했다는 뜻인지, 판단하기 어렵다. 1929년부터 1939년까지의 격년식 조사보고 자료상 시종여일 안준이 대표이사/사장이었음으로 보면, 전자가 맞는 것도 같다. 그런데 1930년 6월에 안준이 모종의 격문사건으로 경찰에 체포된 바 있었음에서, 윤세주가 사장직을 일시 대행했을 수도 있다.

1929년 11월에 이 회사 지배인의 횡포에 맞서는 40여 명 종업원들의 총파업이 있었고, 그 문제가 해결을 본 얼마 후에는 야근 종업원들의 실화失火로 공장과 영주동 주거지대에 큰불이 나서 10여만 원의 재산피해를 초래한 액운도 닥쳤다. 그런 사건들의 여파였는지, 1931년도의 경

영보고 자료에는 사장만 제외한 이사진 전면 교체와 본점의 경성 이전
사실이 나타나 있다. 그러나 1933년 자료에는 부산 영주동으로 되돌아
온 상태인 것으로 되어 있다.

　이런 일련의 과정에 모종의 복잡 미묘한 내막이 있었던 것인지 알기
가 어렵고, 섣부른 추측도 금물일 것이다. 하지만 안준이 1930년에 피
체되었다 풀려난 후 변절하여, 1936년부터 사상전향을 표명하고 친일
단체인 대동민우회大東民友會를 조직하여 이사장이 되어서 노골적인 반민
족 노선을 걸어갔다는 점만은 지적해 두어야겠다. 그의 오른팔격 인물
이던 이종하李鍾河—은산농조 위원, 동아일보 밀양지국 수산분국 기자,
신간회 밀양지회 창준위원을 역임—도 1933년에 경남인쇄(주)의 이사
로 복귀하여 변동 없이 계속 재임하였음을 덧붙여 둔다.

04 중국행 망명과 민족혁명 기반 구축에의 헌신

중국으로 망명하여 의열단으로 복귀하다

신간회운동과 항일언론운동과 민족문화사업, 그리고 그 '합법투쟁' 수면 하의 노동·학생운동 등, 적어도 두 겹의 여러 방면 전선에서 분주히 움직이고 있을 때이던 1929년 3월, 윤세주는 고대하던 가족 경사를 맞았다. 결혼 11년 만에 드디어 2세를 본 것이다. 부산까지 가서 성공리에 수술을 받고 온 효험인지, 남편의 지극한 간호도 받은 덕택인지, 부인이 사내아이를 순산하였다.

기쁘기 한량없고 삼신 할미에게 고맙기도 한 마음으로, 석정은 자기의 아명처럼 아들 이름에도 '용'자를 넣어서 '용문龍文'이라 지었다. 이 이름은 아들이 중국으로 간 후에도 그대로 유지되어, 석정의 동지들이 다들 그렇게 불렀다. 그러나 호적명은 항렬자를 채용해서 '남선南善'으로 지어 등재했다.

하지만 인간사는 매양 희비교차여서 기쁜 일 있으면 슬픈 일 꼭 따라오고 마는 것일까. 용문이 태어난 후 1년 반에서 2년쯤 사이에 석정은 마음의 안식처와 지주支柱를 연속으로 잃고 큰 슬픔을 감내해야만 했다. 언제나 그를 감싸주고 사랑으로 덮어주던 부친이 노환을 앓다가 1930년 9월에 72세를 일기로 별세하였다.

합당한 효도는커녕 언제나 심려와 손재損財만을 끼쳐온 것 같은 지난 세월이었기에, 무거운 회한과 죄책감에서 한동안 그는 벗어나질 못하였다. 그나마 손주 보게 해드린 것, 부인이 말년 봉양을 성심으로 해드린 것, 그리고 임종을 지켜드린 것으로 위안을 삼아야 했다.

그런데 1년 뒤 1931년 9월에는 마흔 둘 나이의 황상규가 홀연 세상을 뜨고마는 것이었다. 석정이 보기에 백민白民의 죽음은 애착이 무척 컸던 신간회가 자진 해체함에서 온 심적 충격과 분노를 이기지 못한 때문인 것도 같았다.

그에게 있어서 백민은 어떤 존재였던가. 언뜻 보기엔 책 쓰고 교편이나 잡고 앉았을 인상인데도 일찍이 광복단운동부터 시작한 항일투쟁의 가시밭길을 한 치의 흔들림도, 한 순간의 머뭇거림도 없이 의연 당당히 헤쳐 온 용장勇將 중의 용장이었다. 윤세주 자신에게는 일합사, 의열단, 청년회, 신간회 운동의 후견인이었고, 긴 옥고도 같이 겪으면서 생각하면 힘이 나던 부형 같은 존재. 그럼으로써 마음의 상시 의지처요 인생행로의 푯대가 되어주던 이가 아니었던가. 그런 그를 갑자기 잃고 말았으니, 석정은 너무도 애석하고 비통한 마음을 달랠 수가 없었다.

설상가상으로 9월 그 달에 중외일보마저 회사 해산이 결의되어 폐간되어버렸다. 큰 포부로 참여했던 항일언론 경영 사업이 결국은 대책 없는 실패로 돌아가고 만 것이다. 우울한 기분에 더해 좌절감도 밀려왔다.

게다가 국내 항일전선 대오는 갈수록 엄혹해지는 일제의 탄압 앞에서 힘써 뭉치기는커녕 조그만 차이로도 자꾸 갈라지는 모습을 내보였다. 그것은 스스로 약해지는 길임이 명약관화했다. 차후로 상당 기간은 국내 운동세력에 뭔가를 크게 기대하거나 희망을 걸기가 어렵다고 느껴졌다.

그 와중에 나라 밖에서는 만주사변 발발과 일본군의 승승장구 소식이 잇따라 들려오지 않는가. 해가 바뀌어 1932년이 되자마자 일본군이 상해까지 침공하여 송호전쟁松滬戰爭이 벌어졌다 한다. 그래도 중국 국민군 19로군이 끝까지 항전하는 모습을 보여주어서 한 가닥 마음의 위로가 되었다. 하지만 장개석蔣介石의 국민당 정부는 의외로 쉽게 물러서서 상해를 내준 가운데 정전협정을 맺고 말았다. 그 어간에 만주에서는 일본의 괴뢰정권이 '만주국'이라는 이름으로 세워졌다.

심란하고도 갑갑한 정황이었다. 무언가 새로운 활로를 뚫어야만 할 상황이었다. 모든 걸 새로 시작해야 할지도 몰랐다. 그런 심사 속에서 석정의 눈길은 자꾸만 나라 밖으로 쏠리고, 마음은 중국으로 내달렸다. 간간히 신문 보도와 비밀 연락선을 통해 들려오는 중국의 상황은 다른 맥락에서 그의 가슴을 뛰게 했다. 그곳의 항일운동세력과 옛 동지들은 앞일을 위해 무언가 열심히 준비하고 바삐 움직이는 모양이었다. 중국으로 나가면 석정 자기도 할 일이 많고, 나아가야 할 앞길이 훤해질 듯싶었다. 그러니 북경으로 본거지를 옮겼다는 의열단에 하루바삐 찾아가 복귀하고픈 생각이 점점 굳어지고 간절해졌다.

마침내 1932년 늦봄에서 초여름 사이의 어느 날, 그는 중국망명을 단신으로 결행했다. 옥문을 나와 다시 합쳐 겨우 5년 같이 살았던 부인과 눈빛 초롱초롱한 세 살 아들 용문이를 그냥 두고서였다. 신의주의 금광에 다녀오겠다는 말만 남기고 집을 떠난 그는 인천으로 가서 배를 타고 서해를 건너 천진으로 직항하였다.

석정이 자기들의 일상적 감시망을 따돌리고 해외 탈출을 감행하여 깜쪽같이 사라져버렸음을 뒤늦게 알아챈 밀양 일경은 그 종적의 단서라도 잡아내고자 매일같이 가택수색을 하고 온 가족을 협박하며 괴롭혔다. 걸핏하면 두세 명씩 대문을 박차고 들어와 구둣발로 방마다 난입하여 온 집안을 쑥대밭으로 만들면서 이 잡듯이 뒤졌다. 그러면서 윤소룡의 행방을 대라고 막무가내 다그치는 통에 가족들이 받은 고통은 이만저만 큰 것이 아니었다.

석정이 중국행 결심을 굳히고 마침내 행동으로 옮김에 있어서 의열단 본부 또는 김원봉과의 사전 연락이 있었는지 여부를 알기는 쉽지 않다. 그렇지만 석정이 "(표면활동을 하면서) 비밀리에 학생운동과 노동운동을 진행"하다 중국으로 나갔다는 김원봉의 회고문 내용은 북경의 레닌주의정치학교를 졸업한 비밀공작원 10여 명이 1930년 8월부터 이듬해 6월까지 사이에 국내 잠입하여 대중투쟁 전위조직 건설을 도모했던 사실과 연관성이 깊을 것이라 여겨진다.

그 학교는 김원봉을 한결같이 따르고 옹호하는 몇몇 의열단 간부진과 3차 조선공산당 비서였던 엠엘과 안광천安光泉과의 합작으로 비밀리에 설립되어 1929년 12월에 개교한 사설 교육기관이었다. 교명 속의

'레닌주의'는 오해되기 쉬운 용어였지만, '12월 테제'에 함의되고 있던 극좌노선을 가리키는 것이 아니라, 1919년의 코민테른 제2차 대회 때 '식민지에서는 민족혁명이 우선'임을 명쾌히 갈파했던 레닌^{V. Lenin}의 교시를 되살리고 그 정신을 환기시키려는 속뜻이 있었다고도 본다.

졸업생 특파원들이 배치되어 활동거점을 확보해 간 도시로는 서울·평양·신의주·원산·강릉·대구·목포와 함께 부산도 있었는데, 부산행 특파원을 보내면서 김원봉이 황상규와 석정을 찾아가보도록 지령했을 것임은 거의 틀림없어 보인다. 그래서 석정은 1930~1931년 무렵에 약산과 의열단 본부가 어디서 무슨 일을 하고 있는지를 대략 알게 되었을 것이고, 두 사람 사이에 은밀한 연락선도 설치, 개통되었을 것이다.

스무 살을 갓 넘긴 나이에 학생운동과 여성운동의 맹장으로 부상하던 부산 동래의 박차정朴次貞이 수차 피검되어 고문 받던 끝에 1930년 2월 북경으로 암행 탈출한 것도 그런 연락선의 도움을 받아서였을 것이다. 물론 북경까지는 자기를 데리러 온 비밀연락원 정준석鄭俊碩을 따라간 것이고, 그의 인도대로 오빠 박문호朴文昊가 약산과 함께 거류하며 일하는 의열단 본부에 안착할 수 있었다.

하지만 석정과 약산 사이에 상시적 연락망이 있었던 것은 아니고, 어느 시점부터는 간헐적인 연락조차 끊겼던 것 같다. 1932년 중국에서 석정과 행동을 같이했던 이육사가 2년 후 국내 경찰에서 심문 받으면서 내놓은 진술을 보면 그렇다.

그의 말에 따르면, 중앙일보 지국 설치 겸 구직을 목적으로 봉천(현재의 심양瀋陽)에 체류 중이던 1932년 6월 또는 7월 하순경, 이전부터 잘 알

1931년 3월 북경에서 결혼한 박차정과 김원봉

던 윤세주와 여관에서 우연히 만나 교제하다 같이 천진으로 갔다 한다.
그런데 9월 초순에 윤세주가 북경을 다녀오더니, 자기가 의열단원임을
비로소 밝히면서 김원봉이 남경으로 옮겨간 사실—만주사변이 발발하
자 의열단은 임시대표대회를 열고 정세분석과 활동방향 논의 끝에 중국
국민당과 제휴하여 전면적 항일투쟁을 재개키로 하고 1932년 초에 본
거지를 남경으로 옮겼음—을 뒤늦게 알게 된 듯이 얘기하더라는 것이
다. 그러니까 1932년 9월 초까지도 석정은 약산과 의열단 본부가 여전
히 북경에 있는 줄로 알고 있었다는 얘기이다.

　아무튼 그때 석정은 육사와 그의 처남 안병철安炳喆에게 남경군관학교
(실은 의열단 간부학교) 입학을 권유하고 설득하여 승낙을 받았고, 9월 중

순에 세 사람은 의열단 북경지부 책임자인 김시현金始顯과 동행하여 남경으로 갔다. 기차역으로 마중 나온 중국군 헌병장교 복장의 이춘암李春岩을 따라 김원봉의 유숙처로 가서, 13년만의 감격적인 해후를 했다.

두 사람은 며칠 동안 현무호玄武湖 부근 오주공원五洲公園의 별장에서 그동안의 사연과 회포를 다 풀어냈다. 김원봉은 1920년의 제1차 적 기관 특공거사 실패 이후로 10여 년간 있었던 수많은 일들과 의열단이 걸어온 발자취를 대부분 자랑스럽게, 어떤 대목에서는 회한 섞인 어조로도, 하나하나 회고하며 얘기를 풀어갔다. 그 와중에 희생되고 스러져간 여러 동지의 이름이 나오고 사건 성패의 전말이 설명될 때마다 석정의 심경은 격정과 슬픔, 고양과 한탄의 양 극단을 오가곤 했다.

듣고 보니 의열단은 그동안 단순한 투쟁결사체에서 한걸음 더 나아가, 이론과 실천방안을 체계화시키고 보강한 혁명당적 조직으로 발전해왔음을 역력히 느낄 수 있었다. 지난 몇 년간의 국내활동 경험을 통해 석정 자신도 그 필요성을 절감하고 있는 부분이었다. 그래서 석정은 약산에게 자신의 새로운 각오를 다음과 같이 자신 있게 피력할 수 있었다.

과거에 나는 열정과 용기만으로 조선독립을 달성하려고 분투했었소. 그러나 현재는 나의 경험과 교훈에 근거하여, 열정과 용기만으로는 목적에 도달하지 못한다는 것을 깨달았소이다. 그러니 지금의 나는 혁명적 인생관, 세계관 등 과학적 혁명이론으로 두뇌를 재무장하여야만 정확한 혁명운동을 추진할 수가 있을 것이오.

출옥 후 만 5년 동안 그 나름 전심전력으로 투신했던 국내 항일투쟁 과정에서 그가 품었던 결의와 기대, 찾아온 성취와 환희, 그 반대편에서 덮쳐온 실망과 환멸, 좌절감과 고뇌, 혹은 교차하는 자신감과 열패감 등, 온갖 양의적 감정의 실제적 근원을 철저히 구명하여, 이제는 현실을 정확히 포착하여 올바로 대응하겠다는 의지가 절실한 표현으로 확연히 드러나는 발언인 것이었다. 그리고 그가 언표했다는 '혁명적 인생관, 세계관 등 과학적 혁명이론'이 식민지 조선의 민족문제를 세계사적 연관의 자본주의 경제체제 및 계급구조와 관련시켜 인식하고 분석하며, 민족독립운동도 그런 구도와 전망 속에서 거대 동력을 형성하여 혁명적 실천으로 나아가야 한다는 사고를 담고 있었음은 구구히 부언할 필요가 없는 것이었다. 의열에서 혁명으로의 석정의 궤도 전환이 이렇게 이루어지고 있었던 것이다.

민족혁명의 미래간부 육성에 전념하다

9월 25일에 약산과 석정 일행은 의열단이 설립하여 운영할 혁명간부학교 부지로 이동하여 완전히 짐을 풀었다. 교사校舍는 남경 교외 4리쯤 되는 곳인 탕산湯山 동쪽의 선사묘善祠廟라는 고찰古刹이었다. 국내, 중국 관내 여러 도시, 만주 등지로부터 여러 경로에 의해 응모해 온 17~18명의 입교 예정자들이 교지 땅고르기와 건물 정리정돈으로 바삐 움직이고 있었다.

간부학교는 김원봉이 황포계黃埔系 인맥을 통해 중국국민당의 장개석 직계 조직인 삼민주의역행사三民主義力行社(속칭 남의사藍衣社)에 적극 교섭하고 요청한 것이 성과를 보아 설립되기에 이른 것이었다. 일본의 만주와 상해 침탈, 만주국 출현, 일본군의 상해 점령 아래 정전협정이라는 일련의 사태로 중국민들의 자존심은 구겨질대로 구겨지고 반일감정도 그만큼 고조되고 있었다. 그런 상황에서 윤봉길尹奉吉의 홍구공원虹口公園 특공의거가 때마침 결행되어 장쾌한 성공을 거두었다. 중국인들은 한 목소리로 찬탄했고, 군·정 요인들 사이에서는 이제라도 한국인들의 독립운동을 적극 도와주어야겠다는 생각들이 강해졌다.

그런 배경에서 5월에 김원봉이 제출한 「혁명간부 훈련반 창설 및 그 운용계획」이 거의 원안대로 승인되고 중국 측의 전폭적 지원이 있게 된 것이다. 일제의 중국침략이라는 객관적 정세, 의열단 지도부의 기민한 대응, 황포군관학교 인맥의 효험 발휘, 이 3개의 계기가 잘 맞아떨어진 결과로 중국 땅에 조선혁명정치군사간부학교가 설립되는 것이다.

입교생 모집서부터 교육훈련 실시와 생도의 신상 관리, 그리고 졸업생 운용에 이르기까지, 간부학교의 운영은 전적으로 의열단 간부진이 주관하고, 김원봉이 교장이 되어 총지휘해 갈 것이었다. 다만 경비와 물자 및 장비, 그리고 일부 실무인력은 중국 측의 지원을 받아야만 할 형편이었고, 실제로 그러기로 되어 있었다. 다만 중국정부는 의열단 간부학교의 설립과 운영을 극비사항으로 삼고자 했다. 일본 쪽에서 알게 되면 옳거니 트집거리로 삼을 것이 뻔해서였다. 그래서 대외적으로는 '중국국민당 군사위원회 간부훈련반 제6대'를 표방하고 위장하였다.

간부학교 운영 내역과 결과를 총괄하여 미리 말해보면, 비밀 유지와

기별	수업기간	학교 위치	교육인원	비고
제1기	1932년 10월 20일~ 1933년 4월 20일	남경 교외 탕산 동쪽, 선사묘/선수암(善壽庵)	26명	중국국민당 군사위원회 간부훈련반이 있던 곳을 교사로 써서 위장
제2기	1933년 9월 16일~ 1934년 4월 20일	강소성 강녕현(康寧縣) 강녕진 증조사(曾祖寺) / 해조사(海祖寺)	55명	20명은 수료 직전에 김구(金九)의 요청으로 중앙군관학교 낙양(洛陽)분교로 전학시켜 계속 수학
제3기	1935년 4월 1일~ 1935년 9월 30일	강소성 강녕현 상방진(上方鎭) 천녕사(天寧寺) → 남경 중산문(中山門) 밖 우수산(牛首山)	44명	8명은 졸업 임박 시점에 유대 강화의 의미로 이청천(李靑天) 휘하의 군관훈련반으로 보냄

일제의 추적·감시 차단을 위해 매년 교사를 옮기는 고충을 겪으면서도 1935년 9월까지 잘 존속하였다. 그 3년 동안 3기에 걸쳐 125명의 조선 청년들이 재학하여 혁명간부 소질을 갖춘 항일투사로 키워져 배출되었다. 기별 수업기간, 학교 위치, 교육인원 등의 기본적 운영상황을 요약해 제시해보면 〈표〉와 같다.

개교에 앞서 약산은 석정에게 교관이 되어줄 것을 강청했다. 석정은 2기 때부터나 그러자면서 한사코 고사했다. 서른세 살 나이에(지금 나이로는 40대 중반쯤에 해당했다) 굳이 학생으로 입교하겠다는 것이었다. "군중과 같이 생활하고 같이 학습하여 다시 자기 이론을 정리하겠다"는 것이 그가 내민 이유였다.

그러나 그것만은 아니었을 것이다. 언표하지는 않았겠지만, 당장의 이육사와의 관계 문제도 그렇고, 1926년 의열단의 광주廣州 시절부터 김

천녕사의 의열단 간부학교 터

원봉의 막역한 수하 동지들이 되어왔지만 석정으로서는 생소하기만 한 여러 간부진과의 다소 서먹하고 조심스런 관계도 의식되었을 것이다. 길게 보면 의열단의 새로운 인적 기반이 될 입교생들과 같이 호흡하면서 동지애적 유대를 키우고 개개 인물 파악도 해볼 의도라든지, 여러 생각과 고려가 심중에 있었을 것으로 본다.

10월 20일에 제1기생 입학식이 거행되고 교육이 개시됨으로써 간부학교는 정식 개교하였다. 입교 당시는 20명이었는데, 나중에 6명이 더 와서 입학했다. 미국 육군사관학교를 졸업하고 왔다는 이원李遠(=이복원李復源)이 최연장자, 그 다음이 석정이었다. 최연소는 19세 3명이었고, 대체로 20대 초반 학생이 많았다. 그들의 전직은 다채로와서, 항일단체 조직원이나 신문기자 경력자가 있는가하면, 상점원과 노동자도 있었고,

영화배우도 있었다.

입학식 때 교장 김원봉은 개교사를 하면서, "간부학교의 개교는 지난 날 의열단이 흘린 피에 대한 보답임과 동시에 현재의 혈전교섭의 결과로 이루어진 것"임을 강조해 말했다. 또한 "중한민족이 제휴하여 동삼성東三省을 탈환하고 조선의 독립을 달성해야 할 것"임도 역설했다.

석정은 입교생 대표가 되어, 교장 훈화와 내빈 축사에 대한 답사를 하였다. "교장선생을 비롯한 내빈 여러분의 훈화를 몸에 배게끔 하여 실천궁행實踐躬行에 매진할 각오로 우리 생도 일동은 한뜻으로 전심專心 노력할 것을 다짐한다"는 내용이었다.

생도들은 '학원學員'으로 호칭되면서 중국 국민군 견습사관 대우를 받았다. 졸업하고 2~3개월 후에 소위少尉로 임관될 것이었다. 나중의 활동을 위해서는 정확한 신상이 드러나지 않아야 하므로, 교관과 학생들은 대부분 가명이나 별호를 만들어 사용했다. '석정'이라는 호도 이때 만들어 쓰기 시작한 것이다.

일과는 아침 6시에 기상하여 체조 후 7시부터 시작되었다. 오전에는 정치과 교육, 점심 먹고 저녁 6시까지 군사과 교육, 다시 저녁식사 후 중국어 강습을 받고 9시 취침하는 사이클이 매일같이 반복되었다.

엄격한 규율 속에 정해진 일과대로 밀도 있고 강도 높게 진행된 교육 훈련에 석정은 매양 진지하고 성실한 자세로 임하였다. 입학식 때 한 다짐을 굳게 지키고 철저히 실천에 옮기려 했다. 그런 자세가 이윽고 그로 하여금 "사실상 다른 학생들을 영도하고 교육"하는 위치에 서게끔 했다.

조선혁명간부학교 개교식에서 훈시하는 김원봉

다른 1기생들과 함께 석정이 이수한 학과와 술과, 다른 말로는 정치과와 군사과의 교과목 및 담당교관은 다음과 같았다.

- 정치과 : 철학(진국빈陳國斌=김원봉), 정치학(한모韓某 ; 안광천인 듯), 경제학(왕현지王現之=이영준李英俊), 사회학(김정우金政宇=박건웅朴建雄), 조직방법(김정우), 비밀공작법(중국인 협중용協中庸).
- 군사과 : 보병조전(신악申岳), 사격교범(김종金鍾), 진중요무령, 측도, 폭탄제조법, 폭탄사용법, 기관총조법, 실탄사격(이상 6개 과목, 이동화李東華), 축성학(권준), 부대교련(신악, 노을룡盧乙龍, 이명환李銘環=이철호李哲浩), 위생학(이집중李集中=이종희李鍾熙).
- 과외과목 : 중국어(중국인 곽종령郭鍾靈).

학과목 수는 2기와 3기로 가면서 더 늘어났고, 명칭도 다양해졌다. 정치과만 하더라도, 유물사관, 변증법, 의열단사, 각국 혁명사, 한글, 한국역사, 조선정세, 세계정세, 조선운동, 당조직 문제, 정보학 등이 새로 개설되어 갔다. 물론, 선택의 여지 없이 전과목 필수였다. 군사과 과목들도, 교재는 중국 군관학교의 것을 한글로 번역해 프린트한 것을 썼지만, 정규 군관학교 과정에 뒤지지 않을 만큼 구성이 다채롭고 내용이 풍부했다. 간부학교 운영진이 학생들을 당장의 유능한 항일투사뿐만 아니라 길게는 군·정·학에 걸쳐 폭넓은 지식과 소양을 갖춘 민족간부로 육성코자 했음을 엿볼 수 있는 대목이다.

제1기의 교관진은 거의 전원이 광주시절부터의 의열단원이거나 황포군관학교에 다니면서 단원이 된 이들이었다. 그 중 박건웅과 이영준은 북경에서 김원봉과 함께 레닌주의정치학교를 운영하다 같이 내려왔고, 황포군교 출신인 신악·이동화·김종·권준·노을룡은 남경 시내·외의 중국군 부대들에서 장교로 복무 중이었다. 몇몇 교관은 시내 호가화원胡家花園 명양가鳴羊街의 약산의 집에서 합숙하였다.

1기생 26명 전원은 정확히 6개월 교육과정을 마치고 1933년 4월 23일에 졸업식을 가졌다. 그 중 19명이 각자의 소질과 희망·연고에 따라 반일조직 구축 공작 임무를 띠고서 국내, 중국 관내, 만주 등지로 분산 파견되어 갔다. 석정을 포함하여 다른 7명은 교관 요원이나 교무보조원으로 학교에 남게 되었다.

석정과 막역한 관계이던 이육사는 졸업 후 국내로 특파되었는데, 상해로 가서는 곧장 귀국하지 않고 두어 달 지내다 돈이 떨어지자 남경의

이육사

본부에 송금을 요청했다. 며칠 후 7월 14일에 석정이 찾아가 여비 80원을 주면서, 어서 국내로 들어가서 노동자·농민의 혁명의식을 고취하고 2기생을 모집해 보내라고 당부했다 한다.

상해서 헤어질 때 육사는 '사랑하는 물품'이던 비취 도장에 '贈 S. 1933. 9. 10 陸史'라 새기어 석정에게 주었음을 전후사연을 곁들여 수필로 써서 한참 뒤에 잡지에 발표했다(「戀印記」, 『朝光』 1941년 1월). 수필에서는 석정의 이름을 감추기 위해 영자 표기법을 써서 S로 적은 것이지, 도장 자체에는 증여자 명인 '陸史'의 대칭어로 '石正'을 분명 새겼을 것으로 믿어진다.

1933년 6월말에 남경 교외 효릉위孝陵衛의 모 사원(군사훈련반 제5대가 썼던 학교 강당)에서 의열단 제7차 정기대표대회가 비밀리에 열렸다. 이 대회에는 김원봉·박건웅·이영준·한교관·이동화·김종·신악·이철호·이집중·김하구金何九(=김시현)·한일래韓一來·김문金文(=김용기金龍基)·이춘암과 1기 졸업생 중 아직 공작지로 파견되지 않은 18명 등, 모두 31명이 참석하였다.

제1 의안은 강령 및 장정章程 개정 문제였다. 개정안 작성위원인 김원봉·이영준·박건웅 3인 중앙집행위원이 ① 일제타도와 무산자 독재정치 실시, ② 해외 군사운동 적극 추동, ③ 일체의 반대분자 청산, ④ 국내운동의 군사적 촉진, ⑤ 조선혁명에 뒤이은 세계혁명 단행을 요지로 한 5개 항목을 제안하였다. 초안 통과가 결의되었고, 이에 따라 강령 전부를 개정하는 작업이 이어졌다. "대지주의 토지를 몰수함"이라는 기존 조항을 삭제하고, "세계상 반제국주의 민족과 연합하여 일체의 침략주의를 타도"한다는 조항을 대신 삽입키로 하였다.

제2 의안은 간부학교 생도들로 구성된 의열단 학생지부에서 제안한 것인 단명 변경 건이었다. 대중의 지지를 끌어내기 위해서는 시대의 추세에 부합하는 명칭을 가져야 한다는 이유로 '조선혁명무장동맹'이 제안된 것이었다. 이에 대해 박건웅·이철호·한교관이 적극 찬동하였다. 그러나 김원봉 외 다른 참석자들은 일리 있는 주장임을 인정하면서도 단의 전통과 국민정부로부터의 수원受援 문제를 들어 극력 반대하였다. 결국 이 안건은 부결되었다.

회의 말미에 '총비판' 시간이 되었을 때 석정은 발언권을 얻어 다음과 같이 말하였다.

"우리 혁명가에겐 인고와 결핍이 붙어 다녀서 늘 박해 받고 경제적 곤란에 봉착하게 되지요. 하지만 우리 광휘한 의열단원은 언제 어떠한 경우에도 마음에 깊이 새기고 그 시련을 돌파하는 혁명전사가 되어야겠습니다. 단의 지령과 규율을 엄수하고 본부와 동지간의 연락이 잘 되도록 노력하지 않으면 안 될 것입니다."

그런 발언의 연장선에서 석정은 제2기 교육과정 때 학생 단원들이 혁명가의 정신과 기풍을 함양해 가도록 자주 독려하고 조언도 해주었다. 의열단 학생지부의 제2기 학생대學生隊 내 소조小組 조장을 제1기 졸업생 선배 자격으로 맡아서였다.

무장한 모습의 윤세주

그러나 학생대 소조장이기 이전에 석정은 제2기의 정치과 교관이었다. 그가 맡아 강의한 과목은 의열단사, 조선운동사, 각국 혁명사, 중국혁명사, 유물사관, 당조직 문제로 모두 여섯 개였다. 대부분 역사·철학 분야이면서 '혁명가의 정신·기풍 함양'과 유관한 과목들이었고, 또한 모두가 신설과목이었다. 석정을 위해 약산이 만든 것인지, 석정이 요구한 것이었는지, 아니면 둘 다였는지, 정확히 알 수는 없으나 아마도 석정의 요구가 많이 반영되어서였을 것이다.

제2기의 정치과 교관진은 석정 외 김원봉(조선정세), 이영준(경제학, 세계정세, 당조직 문제), 그리고 일본 와세다대학 출신이면서 교관진에 새로 합류한 조빈曹斌(정보학), 4인으로만 짜여졌다. 6월 대표대회 때의 의견충돌 여파로 박건웅·한교관 두 사람이 의열단을 탈퇴하여 나가버렸기 때문이다. 군사과 교관진에서도 1기 교관이던 이동화·권준·노을룡·이철호·이집중이 사고사事故死나 탈단 혹은 과목 폐지 등의 이유로 빠지게 되었다. 대신에 1기생 중 이복원, 양민산楊民山, 김세일金世一, 이창하李昌河가 군사과 교관으로 발탁되어 강의하였다.

석정의 교수능력은 기대 이상으로 뛰어났고 게다가 자상한 지도까지 베풀어서, "전체 학생의 애대愛戴와 경앙敬仰이 한 몸에 집중되었다" 한다. 석정이 가르친 2기생 가운데 마덕산馬德山, 황민黃民, 문명철文明哲, 정율성鄭律成, 하진동河振東, 이명선李明善, 오균吳均, 윤공흠尹公欽, 주세민周世敏 등 22명 졸업생이, 3기생 중에서는 19명이 훗날 조선의용대에 입대하여 석정과 함께 항일투쟁의 제1선에 섰다.

1934년 4월 23일의 제2기 졸업식 때 석정은 이영준과 신악보다 앞 순서로 다음과 같이 훈화하면서 졸업생들에게 용기와 투지를 불어넣었다.

"지난 투쟁사를 돌이켜 볼 때 우리 동지들의 희생은 매우 큰 것이었습니다. 그 희생은 지도 및 투쟁 수단의 졸렬함에 기인한바 많았으니, 제군의 선배 중에는 교수대의 이슬로 사라진 이 적지 않았고, 이들 선각자들은 우리 민족운동의 존귀한 희생자가 되었습니다. 이들 영령을 위로하는 의미에서도 몸을 던져 혁명운동에 매진할 각오와 신중한 수단이 요구되니, 제군은 동지를 위하여 혁명을 위하여 죽었다고 말해짐을 두려워하지 마십시오."

1935년 4월에 개설된 제3기 과정의 입학식에서도 석정의 위치와 역할은 도드라지고 확고해 보였다. 교관 신악이 개회사를 하고, 약산의 교장 훈시가 있고나서, 유일하게 석정이 교관 훈화를 한 것이다. 그 다음에 중국정부 군부의 황포계 실력자인 강택康澤의 내빈 축사가 있었다.

제3기의 교관진과 교과목이 구성될 때도 의미 있는 변화와 교체가 있었다. 이춘암·박효삼朴孝三 등 황포군교 출신의 중국군 장교인 고참 단원들 외에, 한국독립당 간부인 김두봉(유물사관, 한국역사, 한국지리)과 신한독립당 간부인 김상덕金尙德(만주지리, 각국 혁명사)이 새로 합류했다.

후 2자는 대동단결체 조성운동의 급진전을 예고해주는 우정과 신뢰의
징표이기도 했다.

석정은 이번에도 신설과목인 유물론 철학과 세계경제·지리를 맡았
고, 1기 때 박건웅이 맡았던 사회학을 인수하여 강의했다. 그리고 2기
졸업생 중에서 오균·하진동·이명선을 군사과 교관으로 발탁하였다.
하진동은 그로부터 7년 후, 태항산에서 전사하는 석정의 최후를 지키고
시신을 거두어 묻는 2인 동지 중 1인이 된다.

대일결전 대비 민중조직 공작을 지도하다

제2기 졸업 무렵부터 석정은 간부학교 졸업생 관리와 특파 공작원에 대
한 각종 임무 부여 등, 중요 역할을 맡아 수행하기 시작했다. 국내와 만
주지역으로 특파될 졸업생들을 미리 의열단에 가입시키며, 그들에게 개
인별 공작지와 임무, 이동경로, 통신연락 방법 등에 관한 지령을 내리고
대적공작을 지도하는 일을 약산과 함께 그가 전담했다.

공작원들이 임지로 출발하기 직전에, "각자 자중자애하고, 단의 혁명
공작에 신명을 바쳐 분투노력하라. 감정에 지배되지 말 것이며 경거망
동해서도 안 된다. 희생을 크게 함은 단의 힘을 죽이는 것과 같다"는 요
지로 훈시를 하고, 아무쪼록 냉정·신중하게 행동하도록 신신당부하는
일은 대부분 그의 몫이었다. 졸업생 신상을 상세히 파악하고 있으면서
배치를 결정하는 일도 석정이 거의 전담했다. 약산의 신임이 그만큼 두
터워서도 그랬겠지만, 치밀한 성품과 남다른 설득력이 없었다면 불가능

한 일이었다.

1기 졸업생 때 특파 공작원들에게 부여된 임무의 요점은 장차의 민중동원을 위한 조직사업이었다. 그 중 일반임무는, ① 동지를 획득하여 의열단 지부를 조직할 것, ② 노동자·농민·학생층을 기본체로 삼아 하층에서부터 상층으로 대중을 규합하고 기설 조직을 확대 강화함으로써 사상통일과 실력양성을 기하며 민중동원을 준비할 것, ③ 차기생을 모집하여 도항 입학의 편의를 제공할 것, 세 가지였다. 그리고 특별임무는 각자의 소질·경력과 공작지의 환경에 맞추어 농민운동, 학생운동, 사상운동 등을 적절히 전개해 나갈 임무로, 개인별로 달리 주어졌다.

석정이 직접 지도하기 시작한 2기 졸업생 특파원들에게는 '의열단 지부 조직' 임무를 구체화시켜서 무장투쟁 준비 공작을 지시하였다. 일제와의 결전 시기가 도래했을 때 전면적인 무장투쟁을 추동해 갈 중심조직체로 전진대戰進隊를 조직할 것을 임무로 부여한 것이다.

전진대는 18세 이상 남자를 대원으로 하는 전국적 조직으로서, 최고지도부(남경의 의열단본부)→중앙통신부(서울)→4개 지방부→구區→지부→반의 명령지휘 계통을 갖춘 지하조직체로 구상되었다. 그렇게 준비해두었다가 대일결전 시기가 오면 대도시와 광산·공장지대의 전진대를 군사조직체인 유격대로 곧장 개편토록 한다는 것이다. 전진대 강령은 "① 폭력수단으로 조선민족의 해방을 기한다. ② 세계대전을 기회로 삼아 조선혁명을 조직한다. ③ 조직대를 군사적으로 훈련시킨다"는 것으로 제시해 주었다. 강령만 아니라, 전국 공통으로 적용될 대원 행동수칙과 연락암호도 같이 주어 보냈다.

그 무렵 1934년 6월경에 상해 주재 코민테른 원동국遠東局 대표 파벨 미프Pavel Alexandrovich Miff가 의열단 대표와의 회견을 요청해 왔다. 그때 나가서 미프와 만나 조선정세에 관해 의견을 나누고 온 이도 석정이었다.

미프는 1928년에 사노 마나부佐野學·구추백瞿秋伯·윌터넨Wiltanen과 함께 코민테른 집행위원회 정치서기국 동양부 조선위원회 위원으로서 「12월 테제」를 작성하여 조선의 혁명운동 진영을 뒤흔들어놓은 장본인 이었다. 그런데 1934년에는 코민테른과 중국공산당이 1932년의 모스크바 동방회의 결의와 1933년의 '1월 서한'에 기초해서, 반일투쟁을 위한 하층통일전선의 강화와 민족혁명운동의 전개, 대중적 인민혁명정권의 수립을 재중·재만 공산주의자들의 당면 활동목표로 설정하고 있었다. 그렇다면 코민테른의 위와 같은 방침을 현실화시키고자 애쓰고 있었을 미프와 대중적 기초의 반일무장투쟁 조직과 민족적 통일대당의 결성을 같이 추진하고 있던 의열단 대표가 접촉해서 의견을 나눌 개연성과 이유는 충분히 있는 것이었다.

이 회견이 있고나서 석정은 2기 졸업생 의열단원 윤공흠과 오용성吳龍成을 국내로 특파했는데, 윤공흠은 서울로 가서 배성룡裵成龍과, 오용성은 평양으로 가서 송봉우宋奉瑀와 각각 접선하도록 지시했다. 그것은 대중적 무장조직이 될 전진대를 국내 현지에서 지도할 상위조직체로서 '민족·공산주의자 합동의 민족단일당'을 만드는 문제와 관련된 임무였다.

배성룡과 송봉우 둘 다 1920년대에 조선공산당에 관계한 사회주의

자였지만, '정통' 노선에 얽매이거나 따르지는 않는 이들이었다. 특히나 배성룡은 오래 전부터 민족협동전선론 주창자였고, 민족부르주아지와 노농계급의 동맹이 가능하고도 필요하다는 입장을 견지하고 있었다. 배성룡의 그런 입장은 의열단이 강령에서 '대지주의 토지 몰수' 조항을 삭제하고 민족혁명운동에서 민족부르주아지의 역할을 긍정적인 방향에서 인식하려 하고 있음과도 상통하는 것이었다. 그러므로 석정이 배성룡과 맥을 통하여 국내 협동전선 조직을 시도하려 했음은 충분히 있을 법한 일이었다.

이런 여러 사례와 정황이 보여주고 암시하듯이, 석정은 어느새 의열단 내부의 각종 의사결정과 사업 진행에 두루두루 깊이 관여하는 인물이 되고 있었다. 약산이 늘 가까이 하여 그 의견을 묻고 존중하여 참조하며 따르기도 하는 최측근 참모가 되어 있었다. 의열단 운동의 큰 방향 설정이나 입장 조정도 이제는 거의 그의 몫처럼 되어가고 있었다. 실로 '약산의 오른팔'이요, 의열단의 제1급 책사策士이며, 의열단에서 사실상의 제2인자가 된 것이었다. 의열단 내부만 아니라, 중국국민당의 남의사나 정보기관 인사들도, 남경의 여러 정당·단체 사람들도, 다들 그 점을 인식하고 인정하기 시작했다. 그래서 석정은 '의열단의 정신'으로 일컬어지고도 있었다.

05 민족혁명당에서의 맹활약

대일전선 통일을 추동하여 민족혁명당을 창립해내다

만주사변 발발 이후 1년간의 중국정세 급변 추이로 보아 우리 독립운동 진영도 전열 정비와 역량 총집이 시급히 이루어져야만 했다. 그 점이 자각되자 중국관내 한인 운동진영에서는 좌·우익 민족전선의 통일과 조직통합을 다시금 모색하기 시작했다. 최종 목표에 이르지 못한 채 1920년대 말에 중단되어버린 민족유일당운동(대독립당 조직운동)의 에너지가 국제정세의 변전을 계기로 소생한 것이었다.

1932년 10월 25일, 상해 동방여사東方旅舍에서 한국독립당, 조선혁명당, 한국광복동지회, 의열단, 한국혁명당 등 5개 단체 대표자가 모여서 한국대일전선통일동맹韓國對日戰線統一同盟(이하 '통일동맹')을 결성하였다. 이때 의열단 대표로 나간 이는 박건웅과 한일래였다.

하지만 통일동맹은 어디까지나 '통일을 위한' 조직이었지, '통일을 이룬' 조직은 아니었다. '통일전선 촉성을 위한 매개조직'에 지나지 않았고, 연합체 조직을 표방한 일종의 연락기관이었다. 실제로 통일됨은 여전히 미완의 과제였다.

통일운동이 급물살을 타고 본격화한 것은 1934년 3월 1일, 남경 문창항文昌巷의 음식점 육화춘六華春에서 통일동맹 제2차 대표대회가 개최되면서였다. 이 대회에는 5개 단체 대표 12인이 출석했는데, 의열단 대표는 김빈金斌, 윤세주 외 익명의 1인이었다.

참석대표들은 난상토론 끝에 단일대당 형태의 명실상부한 대동단결체를 새로 조성할 것에 합의했다. 이 목표에 반드시 도달하도록 일을 추진하기 위해, 10인 중앙집행위원회와 별도의 기구로 6인 상무위원회를 두기로 결의했다. 이에 석정이 4월 12일, 의열단 몫의 상무위원으로 선임되었다. 의열단 간부학교의 학생에서 교관으로 승격한지 꼭 1년 만의 일이었다. 다른 상무위원 5인은 한국독립당의 송병조宋秉祚와 김두봉, 대한독립당의 김규식金奎植, 조선혁명당의 최동오崔東旿, 신한독립당의 윤기섭尹琦燮이었다. 5인 모두 지명도가 높은 재중국 독립운동 진영의 중견급 이상 지도자들이었다.

대동단결체 조성 문제에 임하는 각 당·단의 입장은 미묘한 차이를 드러내 보이거나 상충하기도 하였다. 내거는 명분 이면의 정파적 이해관계에 기인한 것이었다. 그래서 대동단결체 조성운동은 한동안 지지부진함을 면치 못하였다.

1935년 2월 25일에 개최된 통일동맹 제3차 대표대회는 각 정파의 입장 조율과 상호합의 도출을 위한 공식적 대좌의 기회로 여겨졌다. 이때도 석정이 김원봉, 이춘암과 함께 의열단 대표로 참석하였고, 선전부

상무위원으로 선임되었다. 흔치 않은 기회이므로, 석정은 각 단체 대표들 앞에서 통일신당이 왜 필요하며 왜 시급히 결성되어야 하는지를 호소하듯 역설하며 강력히 주장했다.

그럼에도 통일신당 결성을 반대하는 몇몇 단체 내 유력인사들의 목소리가 만만치 않았다. 한국독립당의 김구 계열 인사들과 조소앙, 신한독립당의 재만 한국독립당 출신 인사들이 특히 그러했다. '시기상조'라는 것이 그들이 내놓는 이유였다. 하지만 진짜 이유는 다른 데 있었다. 그들 눈으로 보면 '좌익단체'요 '반反임시정부 집단'인 의열단이 이 운동을 주도하고 있는 것이 영 못마땅하고 걱정스럽다는 것이었다.

이에 석정은 한국독립당의 김두봉 등과 긴밀한 협력관계를 구축하고 신당 결성 반대론자들을 끈질기게 설득하면서 태도 변화를 조금씩 유도하였다. 석정의 그런 노력은 주효하였다. 최유력 단체인 한국독립당이 마침내 당론을 바꾸어 신당 결성에 동참키로 한 것이다. 이제 단일대당 촉성운동은 급진전을 보게 되었다

1935년 6월 20일, 남경 금릉대학(현 남경대학 위치) 강당에서 혁명단체 대표대회 예비회의가 열렸고, 6월 25일에는 신당창립 대표위원회가 구성되어 강령 제정과 조직체제 기획 작업에 들어갔다. 석정은 앞의 예비회의에 이영준과 함께 의열단 대표로, 그리고 뒤의 8인 대표위원회에는 김원봉과 함께 의열단 측 위원으로 참여하여, 신당 창당으로 가는 길을 사실상 주도하였다. 7월 3일에 5개 단체 연명의 「한국혁명단체대표대회선언」을 발표할 때, 석정은 김약산, 이춘암과 함께 의열단 대표로 서명하였다.

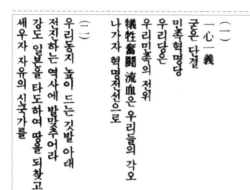

民族革命黨歌

(一)
一心一義
굳은 단결
민족혁명당
우리당은
우리민족의 전위
犧牲奮鬪 流血은 우리들의 각오
나가자 혁명전선으로

(二)
우리동지 높이 드는 깃발 아래
전진하는 역사에 발맞추어라
강도 일본을 타도하여 땅을 되찾고
세우자 자유의 신국가를

民族革命党 党旗

민족혁명당 당기와 당가

마침내 7월 5일에 '민족혁명당'이라는 이름으로 단일대당-통일신당이 창립되었으니, 금릉대학 대례당大禮堂에서 결당식을 가지고 창당선언을 발표하였다. 해외 독립운동 진영의 10년래 숙원이던 민족유일당적 협동전선체의 결성이 마침내 현실화한 것이다.

이러한 결실을 낳기까지 혼신의 노력을 다했던 석정의 모습과 그의 독보적 공적을 훗날 김원봉은 다음과 같이 간명하게 서술했다.

그는 의열단 대표의 자격으로 다방으로 분주하면서 각종 문제에 대하여 접흡소통接洽疏通의 공작을 다하였고, 또 정확한 주장을 많이 발표하여 통일 성공에 대한 공헌이 컸다.

사실 1934년 3월 이후 1935년 7월까지 거의 1년 반 동안 윤세주는 대동단결체로서의 단일대당-통일신당 결성을 위한 각종 회의와 행사에 한 번도 빠짐없이 참석했다. 의열단 대표도 여러 번 교체되곤 했지만, 윤세주만은 예외였다.

그것은 석정이 남다른 근실함과 인내심, 논리적 대화술, 거의 체질화된 겸손과 겸양의 자세를 갖추고 있었기 때문이다. 게다가 정확한 판단력과 민첩한 대응력은 금상첨화였다. 그런 자질과 특점들을 제대로 발휘함으로써, 지난한 과제로만 여겨지던 전선통일과 조직통합이 마침내 성취되는 데 지대한 공헌을 한 것이다. 그런 의미에서 석정은 1930년대 해외 민족전선 통일운동의 향도嚮導요 조타수이며 견인차적 존재였다고 말해도 전혀 무리가 없다.

민족혁명당(이하 '민혁당'으로도 적음)이 창립됨과 동시에 통일동맹은 해체되고, 신당 참여 5개 단체도 발전적 해소를 공동선언하였다. 해소 단체 소속원들은 개인별 등기 절차를 거쳐 신당에 입당토록 하였다. 이에 따라 의열단도 독립단체로서의 존재와 명칭이 민혁당의 한 부분으로 용해되었고, 만 16년 가까이 단의 이름으로 수행해 온 모든 활동이 공식적으로 마감되었다.

그렇지만 이전 조직의 연고가 하루아침에 청산되고 그 맥이 간단히 끊어질 만큼 그리 허약한 것이 아니었다. 실상을 말하면, 의열단 계보의 당원들은 비공식적 경로에 의해 의열단 조직의 맥을 거의 그대로 유지하였다. 그래서 암암리에 당내 최대 계파를 이루어, 예전 못지않은 세력을 과시하였다. 조선혁명간부학교 출신인 한 당원의 입을 빌리면, "표면적으로는 해산하였으나 내부적으로는 의연히 구 의열단이 존재하며, 당원에 대한 지휘·명령도 그 계보 내에서는 직접 전달한다"고 할 정도였다. 그러다 1937년 초에 이르면 마치 의열단의 확대조직처럼 된 모습으로 민혁당은 바뀌어 있는 것이었다.

그렇게 된 경과와 연유를 살펴볼 필요가 있는데, 그 전에 초기 민혁당 내에서 석정이 어떤 지위에서 어떤 일을 맡아 어떻게 수행했는지를 먼저 보고 가기로 하자.

민족혁명당의 훈련책임자와 조직가·이론가로 활약하다

민족혁명당 창립대회에서 석정은 김규식, 조소앙, 이청천, 최동오, 김두봉, 윤기섭, 신익희申翼熙 등과 나란히 15인 중앙집행위원 중 1인으로 선임되었다. 의열단 출신으로는 그와 김원봉, 이영준, 3인이었다. 위원장을 공석으로 둔 채 당분간 위원 합의제로 운영키로 했는데, 창당 참여를 거부했던 김구를 영입하기 위한 포석이었다고 해석된다.

대회 이튿날의 제1차 당 중앙집행위원회에서 김원봉이 당무 총괄 부서인 중앙서기부의 서기장으로 선임되었다. 그 3명 부원 중 1인으로 김상덕과 함께 석정이 임명되어, 김원봉을 근접 보좌하게 되었다. 석 달 후인 10월 21일에는 김규식이 성도成都의 사천대학四川大學 교수로 부임해 가면서 사직하여 공석이 된 훈련부장 직 후임자로 석정이 중앙집행위원회에서 선임되었다.

그러자 석정은 바로 「당의 훈련」이라는 팸플릿을 작성하여 당원 훈련의 목표를 제시하였다. ① 언론·행동의 규율화, ② 연구의 계통화, ③ 생활의 집중화, ④ 당에 대한 절대적 신뢰, ⑤ 혁명적 인생관 양성,

이 다섯 가지였다. 그 후로 적지침투 특무활동 요령 중심의 당원훈련을 석정이 전담 주관하였다.

의열단의 조선혁명간부학교 운영과 같은 성격인 민족간부 훈련사업은 민혁당 창립 후에도 계속되었다. 당 군관특별훈련반을 남경성 내 고강리高崗里 10호와 모가원毛家苑 7호에 설치해놓고, 의열단 간부학교의 제3기와 동일한 교육과정을 운영하였다. 약 50명의 학생이 여기에 참여하였고, 석정 자신 교관이 되어 열강하였다.

석정은 신생 민혁당의 조직 강화와 통일을 위해서도 힘을 쏟았다. '전민족적 혁명의 최고 지도체인 동시에 선봉'이라는 자부심에 걸맞는 조직으로 탄탄히 다져놓기 위한 각오와 노력이었다. 1935년 늦가을에 광동성 광주로 나갔던 것도 그래서였다. 거기서 석정은 중산대학 재학생 등 한인청년들에게 신당의 강령을 소개 해설하고, 지지와 입당을 열렬히 호소하였다.

이에 많은 청년들이 호응하여 입당원서를 냈다. "조선에 있을 때부터 석정의 이름을 익히 들었고, 그를 김구 선생 못지않게 숭배해 온" 이화림李華林도 그런 경우로, 당장에 입당을 신청하였다. 그리고 그녀는 당 본부의 인준을 받아 정식 당원이 되자 남경으로 옮겨갔고, 거기서 당 부녀대婦女隊의 박차정 대장 아래 부대장이 되어 활동하였다.

당의 단결과 통일을 위한 석정의 분투노력은 1936년에도 계속되었다. 그해 여름부터 광주의 화남지부華南支部가 동요하여 당 중앙의 지휘 통제를 배척하자, 그 원인 조사 겸 조치를 위해 9월에 석정이 내려갔다. 그리고는 마침내 사태를 수습하고 11월에 남경으로 귀환했다.

그런가하면 석정은 당의 선전공작에서도 매우 중요한 몫을 훌륭히 수행하였다. 주로 당 기관지 및 내부 소식지의 필자와 편집자 역할을 맡아서였다. 일제 관헌도 민혁당 기관지나 내부 간행물의 다수 기고자를 이영준과 석정 2인으로 파악하고 있었다. 그 두 사람이 당내의 최고 이론가 역할을 하고 있었다는 말과 같다.

『민족혁명』 창간호(1936년 1월 20일)

초기의 민혁당은 당원용 비밀소식지로 『당보黨報』를 중앙서기부 주관으로 1935년 10월 1일자의 제1호부터 동년 12월 25일자의 제5호까지 보름 간격으로 냈다. 매호를 '국외정세 보고 및 비판', '국내정세 보고 및 비판', '당내외 공작 보고'의 세 가지 주제로 구성하는 체재體裁로였다. 매체 성격상 기사의 필자를 일일이 기명하지는 않았지만, 중앙서기부원으로서 간행 실무에 관여했을 석정은 불가불 매호 지면에 많은 글을 썼다고 생각된다. 그의 순국 후 추모기사(『해방일보』, 1942년 9월 20일 및 9월 21일자)에, "조선민족혁명당 시절 신문·잡지를 출판하면서 …… 일본 경제·정치·군사 등 재료를 많이 번역"했다고 서술된 것도 근거 없는 얘기가 아니었을 것이고, 『당보』의 국내외 정세 보고 기사 게재와 무관하지 않았을 내용이다.

1936년 들어 당의 대외선전 기관지로 『민족혁명』이 선전부—최초 구성이 부장 최동오, 부원 신익희·성주식成周寔이었다는 자료와 부장 신익희, 부원 성주식·이영준·윤세주였다는 자료가 병존한다—주관으로 발간되기 시작했다. 윤세주가 주필이었다는 설이 있는데, 제2차 전당대회에서 이영준이 선전부장으로 선임된 것을 보면 주필도 이영준이 겸임했을 것으로 여겨진다.

이 기관지의 제1호(1936년 1월 20일자)에 '석생'石生이라는 필명으로 「우리 운동의 새 출발과 민족혁명당의 창립」과, 제2호(1936년 4월 15일자)에 '석石'이라는 필명으로 「국제정치의 기본 동력과 종국적 향취向趣」라는 글이 게재되었다. 필명과 주제와 문체로 보아, 이 두 편의 글은 석정의 것이었음이 확실시된다. 후자의 글은 그가 조선혁명간부학교에서 강의했던 '세계경제·지리' 과목의 주제와도 연관성이 많은 내용이었다. 「우리 운동의 새 출발과 민족혁명당의 창립」 논문은 "1. 우리 운동의 새 출발과 그 이론적 기초", "2. 세계발전의 현 과정과 조선민족의 특수 지위", "3. 조선민족의 실천적 혁명임무와 민족혁명당 창립"이라는 세 개의 멋들어진 목차를 거느리고 있었다. 그 내용은 다음 절에서 보기로 한다.

창당 1주년 기념호로 나온 제4호(1936년 7월 1일자)의 무기명 논설인 「본당 창립 제1주년 기념의 의의」와 「본당의 기본강령과 현단계의 중심 임무」 중에서 후자는 문체와 논리에 비추어 석정의 글이었다고 여겨진다. 다른 논자들도 대체로 그렇게 보아 왔다. '진의로陳義櫓'라는 가명을 가진 이영준의 필명이었을 '로櫓'의 글 「우리 운동의 통일문제에 관하여」가 같은 호의 뒤편에 실려 있으니, 윗글이 이영준의 것이었을 가능성은 희박하다. 무기명인 이유는 그 글이 매우 중요한 논점들을 다루고 있어서 그 논지가 쟁점화 할 소지도 다분히 있었기 때문일 것이다. 기명 필자가 누구냐에 먼저 눈이 가버리면 쓸데없는 선입견이나 정파적 오해가 생겨날 수 있었으니 말이다.

상해 일본영사관 경찰에 피검된 안재환安載煥이 진술한 것처럼 '진震'도 윤세주가 썼던 필명의 하나라면, 『민족혁명』 제5호(1937년 6월 20일자)에 필자명 '震'으로 실린 글 「민족통일 문제―민족통일전선 조직형에 관한 고찰」을 석정의 것으로 볼 수도 있다. 민혁당의 또 다른 선전지 『앞길』 제19호(1937년 7월 5일자)에도 필자명 '震'의 「조선민족혁명당 창립 제2주년 기념을 축함」이라는 글이 실렸다. 그런데 이 글을 읽어보면, 석정의 다른 글들과는 문체와 표현법이 판이해서, 석정의 것이기보다는 당내·외 다른 인사의 것이었을 가능성이 더 높아 보인다. 안재환의 진술을 액면 그대로 믿기 어려운 이유이기도 하다.

『민족혁명』 제2호에 실린 「고故 단재丹齋 신채호申采浩선생을 추도함」의 필자 '진인震人'은 1897년생인 독립운동가 박진朴震의 가명이었음이 확실시된다. 그가 1917년부터 수년간 상해에서 단재와 동숙한 학술 제자였고, 그 후 임시의정원 의원을 거쳐 1937년에는 상해에 있으면서 석정·최석순崔錫淳 등과 접촉했음이 확인됨에서이다. 석정은 단재의 이름을 익히 들어 알고는 있었겠지만, 추도문을 쓸 정도로 직접 대면의 기회를 가졌거나 영향 받은 바는 없었다.

1936년 1월부터는 당내 소식지가 『당보』에서 『우리들의 생활』로,

(一) 創刊號 　　앞 길　　 九三七年三月一日

앞길

週刊
行發社길앞

創刊辭

侵略者日獨伊 世界大戰을 促成

西班牙內戰如前繼續
獨伊傀儡叛軍必敗

日本의文化政策의强化 大陸政策의强化

「앞길」 창간호(1937년 3월 1일)

7월부터는 다시 『우리들의 길』로 제호를 바꾸어, 매월 1호씩 중앙서기부 주관으로 발간되었다. 석정이 전처럼 서기부원과 선전부원을 겸직하고 있었다면, 이 소식지의 기사 작성과 편집에도 두루 많이 관여했을 것이다.

1937년 3월부터는 당 소식지와 논설지를 겸한 주간신문으로 『앞길』이 발간되기 시작했다. 석정은 『앞길』의 편집에도 깊이 관여했는데, 비교적 짧은 글들이지만 게재 편수가 많고, 무기명 기사가 전체 편수의 반쯤을 차지했다. 1937년 5월 31일자인 『앞길』 제14호의 편집 후기를 보면, 편집자가 얼마나 바쁘며 애를 먹고 있었는지, 그러면서도 얼마나 큰 희열감을 맛보고 있었는지를 살짝 엿볼 수 있다. 인용해보면 아래와 같다.

본사의 사원은 본지에만 전력專力할 수 없고 기타 잡사무에 안비막개眼鼻莫開(눈코 뜰 새 없음 : 인용자)의 몸이라 이일저일 하느라고 일요일 강남의 교외를 정든 동지와 산책하며 일주간 피로를 풀 사이도 없이 재차 편집실의 포로가 되고 말았습니다. 편집을 끝맺고 나니 요통이 납니다. 그러나 형언할 수 없는 희열을 느낍니다.

『앞길』 제11호(1937년 5월 10일자)의 사설 제목이 「석전경우石田耕牛!」 즉 "돌투성이 밭을 갈아엎는 소"였고, "사람의 역사는 사람이 만든다"는 구절로 시작되었다. 그리고 맺는말은 "혁명 초기에는 외면 훌륭한 천리마가 선두에 섰으나, 파란이 곡절함을 따라 석전경우가 금일부터 선두에 서서 조선의 황전荒田을 갈고 있다"라는 것이었다. 짧은 구절 마디마디가 매우 함축적인 표현들로 구성되어 있던 이 글의 필자는 석정이었음이 분명해 보인다. 그의 이명 중 하나로 '석전'이 있었다는 타인의 기억이나 주장도 이 글로부터 연유된 것이었다고 본다.

한국국민당 청년단의 기관지 『한청韓青』 제1권 제4기(1936년 11월 25일자)에 실린 「단결의 친화력」의 필자명이 '石丁(석정)'이었다. 발음은 같지만, 윤세주와 동일인이었을 가능성은 희박하다. 굳이 '正'을 버리고 '丁'을 쓸 이유가 없겠고, 이 시점의 여러 정황으로 보아 김구 계열과 통교할 이유가 아직은 별로 없었으며, 그 무렵 당의 일로 무척 바쁘던 석정이 외부 단체 기관지에 글을 써줄 여유는 없었을 것이다. 내용을 읽어봐도 석정의 것이었으리라고 보기가 어렵다.

여하튼간에 석정은 민혁당 창당 후 2년쯤 동안에 훈련부장, 서기부원, 선전부원을 겸하고 있으면서 그 3부의 공작을 종횡무진으로 수행하였다. 그것도 대충대충 식이 아니라, "당 조직·선전·교육공작에서 그의 탁월한 천재를 표현"했다고 평가될 정도로 눈부신 활약을 한 것이니, 참으로 놀라운 집중력이고 기력 발휘였다.

1937년 1월의 제2차, 1938년 5월의 제3차 전당대표대회에서 석정은 17인 중앙집행위원의 일원으로 연거푸 당선되었다. 또한 제2차 대회에서 신설된 자금위원회의 1인 주임으로도 피선되었다. 후자의 사실은 의열단계가 당권을 확실하게 장악해가고 있음을 보여주는 증표였다.

통일전선 논리와 운동현실 사이에서

앞서 1934년에 대동단결체 조성운동을 본격적으로 추진하려 했을 때, 석정은 그 나름의 날카로운 세계정세 분석과 전망을 하고 있었다. 일제가 만주사변 이후로 중국침략 야욕을 점점 더 노골화시키고 있는데다 몽고와 남양 방면으로의 진출까지 시도하니 중일전쟁·소일전쟁·미일전쟁이 머지않아 발발함은 필연적이라는 것이었다. 그러한 전쟁 상황은 우리 독립운동 진영이 일제와의 최후 결전을 벌여서 민족해방을 달성할 절호의 기회일 것이었다. 이에 독립전쟁의 총지휘부 겸 '민족혁명의 정치적 중심조직'을 확립시켜 놓는 일이 긴요한데, 임시정부의 권능과 위세는 너무도 허약해져버려서 그 역할 수행을 기대할 수 없다는 생각이었다.

이런 견해에 약산도 전적으로 동의했다. 두 사람은 민족운동의 좌·우익 진영 단체들을 모두 통합시켜서 강력한 통일신당을 창립시키는 것이 꼭 필요하며 당장의 과제라고 보았다. 그 과제 수행을 의열단이 주도적으로 추진하겠다고 나선 데에는 중국 국민당과의 관계와 조선혁명간부학교 운영에서 얻은 자신감이 크게 작용하고 있었다.

그렇게 해서 결성된 민족혁명당은 비록 대중적 기반이 취약하다는 한계는 있었지만 중국관내 및 만주지역 혁명정당들과 미주의 한인단체들을 모두 참여시켰거나 지지세력으로 확보하고 있었다. 그와 동시에 민족혁명당은 "좌·우익 두 세력이 명실공히 합작한 통일전선으로 성립"했다고 스스로를 자리매김했다. 그런데 여기서 '좌·우익'이란 정확히 말하면 사회주의와 민족주의가 아니라, 민족주의의 좌익과 우익이었다. 또한 양익의 기계적 결합이 아니라 창조적이고도 역동적인 융합을 석정은 희원하고 있었다.

석정은 앞서 언급했던 바 『민족혁명』 창간호에 기고한 논문(「우리 운동의 새 출발과 민족혁명당의 창립」)에서 언명하기를, 비과학적 관념론에 빠져 있는 '우익 특수주의'와 "민족해방운동을 계급혁명·계급투쟁에 예속 내지 해소시키려 하는" '좌익 교조주의'를 모두 배격한다 하였다. 그러면서 그는 중도적 좌파의 입장에서 민혁당이 진보적 민족주의운동의 강력한 구심점이 되기를 내심 바라고 있었다.

석정은 두 가지의 편향을 강도 높게 비판하였다. 하나는, "사회주의 이론의 공식을 조선의 식민지적 특수정세에 직역 수입하여 민족해방운동을 계급혁명·계급투쟁에 예속 내지 해소시키려 하는" '공산주의 좌경 유치병幼稚病' 혹은 좌익 교조주의였다. 다른 하나는, "세계사적 법칙의 공통성을 거부함으로써 민족의 진로를 과학적 법칙에서 수립하지 못하고 주관적 관념 영역에 갇혀 있는" '우경 낙오사상' 혹은 우익 특수주의였다. 다시 말해, 보수적 민족주의자들은 보편적인 역사발전에 대한 인식이 부족하고, 급진 좌파는 맑스-레닌주의를 관념으로만 이해하고 교조적으로 떠받들어 식민지적 특수성을 몰각한 채 러시아의 경험을 그대로 우리 현실에 적용하려는 우를 범하고 있다는 것이 그의 예리한 통찰이었다.

'민족혁명'은 일찍이 1920년대 초부터 독립운동 진영에서 '제국주의 타도와 절대독립 완성'이라는 의미로 구사되던 용어였고, 최고의 이념적 지표이기도 했다. 독립운동자들이 '혁명가'를 자임하고 그렇게 호칭되기를 원했던 것도 그런 뜻으로였다. 그런데 석정 등 의열단계의 민혁당 간부진이나 당원들에게 있어서 '혁명'의 의미는 그보다 좀 더 두터운 성질의 것이었다. 민족혁명에 더하여 민주주의혁명도 포섭하는 것이었다. 2종 혁명의 유기적 결합 또는 동시적 수행에 의한 '조선혁명의 완성'이 그들의 궁극적 운동 목표였다.

창당 때 설정된 3대 '혁명원칙'이 "민족의 자주독립 완성", "봉건제도 및 반혁명세력 숙청과 진정한 민주공화국 건설", 그리고 "소수인이 다수인을 박삭剝削하는 경제제도의 소멸과 민족 각개의 생활상 평등의 경제조직 건립"이었던 것은 그런 맥락에서였다.

여기에는 민족주의와 민주주의만 아니라 사회주의 지향도 내포되고 있었음을 충분히 간파할 수 있다. 그러나 그 '사회주의'를 프롤레타리아독재로 지향된 계급혁명을 통해서만 실현될 것으로 보고 있지는 않았다. 국민 참정권 및 기본적 자유권의 완전 보장, 남녀평등, 토지 국유화 단행 후 농민에게 분급, 대생산기관 및 독점기업의 국영, 국가계획경제와 통제경제 체제, 누진세제 실시, 의무교육 실시, 노동·농민운동의 자유 보장, 생활보호 공공기관 설치 등을 명기한 최초 당강黨綱의 여러 조항을 볼지라도 그렇다. 민혁당 창당세력이 그려보고 있던 신국가상은 서구식 부르주아민주주의도 아니지만 소련식 프롤레타리아독재도 결코 아닌, 아마도 사회민주주의 체제와 가장 근접한 것이었다.

그런데 이런 혁명원칙과 신국가상이 삼균주의三均主義를 건국원칙으로 삼고 있던 조소앙의 눈에는 모험적이고도 급진적인 것으로 비쳤을지 모른다. 그가 민혁당을 탈당하면서 '신국가 건설 노선의 상위'와 '주의 상반'을 들어 김원봉 측을 비난한 것을 보면 그렇다. 하지만 그의 탈당에는, 그리고 창당세력이 분열하여 일부 이탈해 간 데는, 더 큰 맥락과 다른 사정들이 개재해 있었다.

원래 5당 통합체로 출범했던 민혁당은 2년 후쯤부터 의열단의 확대 조직과도 같은 모습이 완연해졌다. 의열단 출신 당원들이 초기부터 강력한 응집력을 유지하면서 이론과 조직 양면에서 주도권을 잡아, 마침내 당내 최강 계파를 이루게 된 결과였다. 중앙집행위원장 직을 영입 대상인 김구 몫으로 비워둔 대신, 김원봉이 실무를 전관하는 직책인 서기장으로, 다시 총서기로, 연이어 보임되어 당무를 주도하면서 유일 실권자의 지위를 굳혀간 것이 그 뚜렷한 징표였다.

이에 반발한 조소앙·홍진洪震·이청천·최동오 등은 추종 당원들과 함께 탈당 또는 분당하여 한국독립당과 조선혁명당을 재건하고, 김구의 한국국민당과 함께 '반민혁反民革' 3자 연합을 형성하였다. 후자는 '반공'과 '임정 옹호'를 명분 삼아 민혁당에 맞섬으로써, '민혁 대 반민혁'의 구도는 좌·우익 대립 구도인 것처럼 여겨지게도 되었다. 사세가 그렇게 되어 간 데는 약산이 통일전선 확대를 이유로 공산주의자들에게 문호를 개방하여 입당시킨 사실도 상당 부분 작용하였다.

김원봉은 이념적 차이에 별로 구애됨이 없이 대동통일을 최고의 전략적 가치로 여기는 사람이었다. 그의 기본 입장은 민족주의로 정향되어 있었으나, 1920년대 초 이래로 내내 공산주의자들과의 합작·협력 전술도 적극 구사해 온 터였다. 그런 관성이 민혁당 운영 및 지도노선에도 그대로 반영된 것이었다. 그런 탓에 그는 종종 공산주의자로 오해되거나 미덥지 못한 용공분자容共分子로 비난받곤 하였다. 그러나 정확히 말하면, 공산주의자들의 운동역량을 흡수하여 민족혁명에 최대로 활용하자는 것[다른 의미의 용공用共]이 그의 진정한 의도였다.

하지만 어떠한 정치적 선택이나 행위이든 간에 '의도치 못한 결과'가 수반될 수 있음을 그는 잘 헤아리지 못했던 것 같다. 입당한 공산주의자들과 급진좌파 성향의 청년당원들은 약산 등 지도부의 친국민당적 관내關內 위주 정치노선과 민족주의 운동노선을 정면으로 비판하고, 당내 분파조직 형성도 마다하지 않았다. 그런 가운데 김원봉의 영도적 권위가 연이어 도전받고 일부 훼손되는 결과도 빚어졌다. 그런 과정을 지켜보는 석정의 마음은 안타깝고 서글플 수밖에 없었다.

06 한중연합 항일운동과 조선의용대 활동

1936년 4월 하순, 당년 81세이던 석정의 모친 김경이가 노환으로 작고
했다. 석정이 그 소식을 즉시 전해 받았더라도 장례 모심은 어차피 불가
능한 일이었다. 불효막심이지만 어쩔 수 없었다. 이역만리 남경의 하늘
밑에서 향불 피워놓고 동쪽을 향해 큰절 올리는 것으로 그는 슬픔과 죄
책감을 달랬으리라.

  그 후 1년 뒤 1937년 봄에 석정은 사람을 보내, 부인과 아들 용문을
남경으로 몰래 데려오도록 했다. 모자는 말 그대로 '몸만 빼내어', 밀사
의 인도대로 신의주를 거쳐 남경으로 와 그립고도 그립던 남편, 아버지
와 해후했다. 아장아장 걷던 모습만 잔영으로 남아 있던 아기가 홀쩍 커
소년이 되어 나타났으니, 석정은 얼마나 반가웠을 것이고 부인에게는
또 얼마나 고마웠을 것인가.

  하소악이 밀양을 떠나기 전에 친지들은 염려하고 만류도 했다. 그러

모친 김경이(왼쪽)와 아내 하소악, 아들 용문(오른쪽)

나 그녀는 "꿈에도 그리던 서방님이 찾는다"는 말을 몇 번이나 단호히 하고는 감연히 길을 떠났다. 석정 부부의 애정은 크게 표나지 않으면서도 그토록 살갑고 애틋하였다. 처자를 데려간 것이 모친의 소기小暮가 막 지난 때였음을 볼진대, 석정의 심중에는 노모에 대한 효심과 부인에 대한 애정이 공존하면서 나름 적절한 균형을 잡고자 애쓰고 있었음이 간취된다.

수년 만에 합쳐진 석정 가족은 남경 중화문 밖 서쪽의 화로강花露崗 부근 호가화원에서 살았다. 셋집 한 채를 당으로부터 분양받아서였다. 민혁당 본부 겸 집단합숙소가 위치한 묘오율원妙悟律院 바로 옆이었는데,

화로강의 민족혁명당 간부 합숙소

주소는 묘어시猫魚市(현재의 오복가五福街) 19호였다. 그 집에는 김두봉과 한빈韓斌이 합숙했고, 이영준과 이소원李蘇元, 양민산과 장수연張秀延 부부 도 함께 거주하였다.

가족이 합치어 행복해 보일 수 있었지만, 석정의 하루하루 생활이 그 리 안온한 것은 아니었다. 앞서 1936년 여름에 석정은 광동 방면의 서 남파西南派 항일구국단체에 호응하여 상해·천진·한구漢口 등지에서 항일 작탄활동을 벌일 것을 기획하였다. 그 중 상해에서의 행동 계획은 번화 가에 폭탄을 터뜨려 혼란해진 틈을 타서 반일삐라를 뿌리고 군중의 항 일 기세를 반일폭동으로 유도한다는 것이었다.

그런 계획 하에 석정은 당원 김학무金學武, 김병화金炳華, 김순곤金順坤, 김파金波 등을 7월 중순에 상해로 파견하였다. 그들은 8월 17~18일경에 거사를 결행키로 하고, 8월 14일 오후에 김병화와 김순곤이 프랑스 조계 환용로環龍路 태흥방泰興坊 14호에서 몰래 폭탄제조에 착수했다. 그런데 2개를 만들고 3개째를 제조하던 중에 갑자기 폭약이 터져서 김병화가 그만 현장에서 즉사했고, 김순곤은 중상을 입고 조계 경찰에 체포되고 말았다.

1년 후인 1937년 7월 7일, '노구교蘆溝橋 사변'과 더불어 중일전쟁이 발발하였다. 심상치 않은 사태 전개를 예감한 석정은 부인에게 아들을 데리고 귀국할 것을 종용했다. 그러나 부인은 끝내 응하지 않았다. 그리고는 당원 자녀들을 돌보는 등의 후생 복무를 통해 자기 식으로 항일공작에 이바지하기 시작했다.

중일전쟁 발발에 직면하여 석정은 공연히 머리만 굴리고 있기보다 몸으로 행동으로 신속히 대응했다. 1937년 8월부터 10월까지 석 달 동안 상해에서 그의 지도와 참여 하에 전개된 삐라 살포, 조선어 방송, 공작거점 설치, 정보 수집, 구휼위로금 모집 등의 한중합작 항일활동이 그 증례가 된다. 당의 고위간부였고 남경에 처자가 와 있음에도 불구하고 적지로 직접 뛰어들어 동지들과 안위를 함께 한 것이다.

우선은 상해에서 활동 중인 비밀당원 김상용金尙龍이 남경으로 와서 올리는 첩보보고를 7월 10일경에 청취했고, 8·13 상해사변이 터지자 10여 명의 당원들을 데리고 상해에 잠입하여 비밀당원들의 항일공작을 지도하기 시작했다. 가장 먼저는 김동우金東宇, 정순갑鄭淳甲 등의 공작원들과 공동조계 정안사로靜安寺路 영류방永柳坊의 김의사金醫師 집에서 접촉하여 정보와 의견을 교환하고 첩보활동 지침을 주었다. 일본 측의 군사

민족혁명당 당원들과 함께한 윤세주(왼쪽 두번째)

정보를 수집할 것, 일본 군부에서 통역·운전수·간호부·길 안내인 등
으로 고용 혹은 사역되고 있는 조선인의 성명과 인적사항을 알아낼 것
등이었다. 정순갑은 9월 하순에 정식으로 입당수속을 마치고, 민혁당
화북특파원으로 임명되어 천진으로 잠입하였다.

9월 중순에 석정은 프랑스조계 하비방霞飛坊 15호 2층의 1실을 아지
트로 삼고, 당 상해특구 책임자인 최석순 등과 함께 중국 편의대의용군
便衣隊義勇軍 본부, 구망일보救亡日報 등의 각 항일신문사 등과 연락하면서
한중합작의 항일파괴활동과 선전활동 준비로 바쁘게 움직였다. 또한 중
국군 부상자를 위한 구휼위로금으로 당원들에게서 거두고 일반 거류민
들로부터도 모금한 돈 160원을 9월 18일에 상해의 중국국방구국회를
통해 국민정부에 기부하였다.

9월 29일 밤에는 상해공안국에 근무하는 간부학교 3기생 제자 료천택廖天澤(=박성률朴成律)과 함께 상해방송국으로 가서, 중국정부가 일본으로 내보내는 일본어 방송(「일본민족에게 고함」)을 해주었다. 그리고는 민족혁명당의 성립 사실과 활동상을 알리는 내용의 우리말 방송(「조선민중에게 고함」)도 9시부터 15분간 하였다. 논리 정연하고도 심금을 울리는 방송 내용을 높이 평가한 중국 측의 요청으로, 이 라디오 방송은 매일 저녁 5시 30분에서 6시까지 30분간의 정규 프로그램으로 전환되었다. 10월 20일경에 석정은 당원 안동만安東晚(=안재환)에게 임무를 인계하고 남경의 당 본부로 돌아갔는데, 안동만은 12월 27일 프랑스조계 공부국에 피검되고 말았다.

상해 침투 항일공작을 전후한 시기의 석정의 면모와 인상은 당시 그의 지도를 받으면서 항일운동의 첫걸음을 내디던 바 있는 김학철金學鐵의 자서전에서 약여히 그려졌다.

남경 본부에서 이따금 현지 지도를 내려오는 석정 선생님을 내가 처음 뵌 것은 프랑스 조계 마당馬當 거리 아지트에서였다. …… 석정 선생님은 당시 30대 후반의 장년으로서 훌쭉한 얼굴, 호리호리한 몸집에 목소리까지 잔잔해 도무지 용사 같아 보이지를 않았다. 사이코 마코토 총독을 살해하려고 폭탄을 가지고 국내에 잠입했다가 발각돼 7년 동안 징역을 살고 나온 열혈한으로는 도저히 보이지를 않았다.

하건만 그 분은 우리 당의 손꼽는 이론가였고, 또 그 물이 흐르듯이 거침이 없는 현하지변懸河之辯에는 어떠한 적수도 맞서지를 못했다. 나는 석정 선생님의 가르침을 받고 또 지도를 받는 몇 해 동안에 그 분이 역정 내는 걸 한 번도 못 봤다. 그 분은 언제나 순순히 타이르는 식으로 우리를 설복하셨다. 그 분은 또 우리 당의 기관지『앞길』의 주간이기도 했다. 그러니 나, 이 독립운동의 초년병이 그 분을 숭배하게 된 것은 당연한 일이 아니겠는가.

-『최후의 분대장-김학철 자서전』

김학철이 석정의 이름만 들어 알았을 때 떠올리던 이미지는 '용사'요 '열혈한'이었다는 것이다. 그런데 막상 접해보니 정반대의 인상, 차분하고 온유하며 소담한 모습이었단다. 언표해 쓰지는 않았지만, 그래서 좀 실망도 했던 모양이다. 하지만 그 뒤로 계속해서 접하고 지도도 받으면서 더 알고 보니, 석정은 당내 유수의 이론가요, 무적의 달변가이며, 설득의 귀재이고, 문필·편집에도 능수능란한, 그야말로 '숭배'하지 않을 수 없는 거인이더라는 것이다. 그리하여 석정은 자칭 '무명소졸無名小卒' 김학철의 우상이 되어갔고, 그의 일생 운명은 석정을 만나고 알게 됨에 의해 결정되었다 한다.

그런 석정도 적경敵警의 눈에는 '하는 짓이 미우니 꼴은 더 미운' 존재였던 모양이다. 상해 일본총영사관 경찰부의 정보선에서 남경 시기 윤세주의 용모 특징을 첩보 받아 서술해놓은 것을 보면 "키는 5척 5촌 가량 되고, 낯색이 검고 입은 크다. 여윈 형이고, 왼쪽 눈이 좀 기울었으며, 머리는 뒤로 넘겼다"고 되어 있다. 볼품없고 초라한 모습인 양 써놓았다. 하지만 사람은 겉모습만 보고 쉽게 판단할 게 아닌 것을 그때의 일제 경찰은 영 몰랐던 것 같다.

창당 2년차까지 초기 국면의 민족혁명당과 석정의 관계를 다시 살펴 종합해보면, 그는 당의 산파였을 뿐 아니라, 창당 이후로는 살림꾼, 건강지킴이, 두뇌, 입이요 목소리가 되어 왔다. 그것도 하나씩 차례로가 아니라, 몇 가지를 동시에 해냈다. 그처럼 다면적 역할을 솜씨 있게 해내게끔 만든 것은 재능 이전에 그 특유의 진실된 인품과 충정 어린 성실성이었다고 본다.

1937년 11월 12일, 남경에서 조선민족전선연맹朝鮮民族戰線聯盟(이하 '민선')이 결성되었다. 조선민족혁명당, 조선혁명자연맹, 조선민족해방동맹, 조선청년전위동맹 4단체 연합으로였다. 각 단체를 대표하여 김원봉, 유자명柳子明, 김성숙金星淑, 김학무 4인이 이사가 되었고, 왕지연王志延(=한빈), 신악, 한지성韓志成, 박차정과 함께 석정은 간사로 선임되었다.

이 조직은 조선혁명을 담당할 무장대오 건립과 국내외 각 독립운동 단체의 통일 완성을 당면 과제로 삼았다. 특히 무장세력 건립은 중일전쟁 발발 이후 강력한 한중연합전선 형성이 요청됨에 따라 시급한 현안 과제로 부상하였다. 민선의 투쟁강령에도 "국외 여러 지역의 민족무장부대와 연합하여 통일적인 민족혁명군을 조직하여 민족혁명투쟁을 실행한다"고 명기되었다.

민선 창립 직후에 맹원들과 가족 100여 명은 전세 낸 몇 척의 목선에 20명씩 나누어 타고, 남경을 철수하여 무한武漢으로 이동하였다. 석정의 처자도 거기에 동승하였다. 안 그래도 일본군의 공습폭격이 갈수록 심해졌지만, 만일 그때 피난가지 않고 남경에 그대로 남아 있었다면 일본군이 점령하면서 자행한 대학살의 제물이 되고 말았을지 모른다.

무한은 무창武昌과 한구 두 도시가 양자강을 사이에 두고 마주보는 형상으로, '동방의 마드리드'라고 별칭되는 아름다운 호반지구였다. 기착후 민선과 민혁당은 한구시 화상가華商街에 서둘러 사무소를 설치하고, 가족 70여 명은 다시 목선에 태워 내륙 깊숙이 위치한 중경으로 보냈다. 장강을 거슬러 서향해 간 그들은 1938년 3월에 전시수도 중경에 안착했고, 가릉강嘉陵江 남안南岸의 탄자석彈子石 아공보鵝公堡 손가화원孫家花園으로 인도되어 집단생활에 들어갔다.

중국 군관학교에서 한인 청년투사들을 조련하다

1937년 9월 하순, 중국정부 군사위원회 별동대장 강택이 고위층 지령에 의해 약산의 조선민족혁명당과 김구의 한국광복운동단체연합회 양쪽에 특별 제의를 해왔다. 한국청년들을 선발하여 성자星子군관학교에 입교시켜서 항일전에 필요한 단기 특별공작 훈련을 받게끔 하자는 것이었다.

민혁당은 두 손 들고 환영하며 즉시 수락했다. 그리고는 화로강의 묘오율원과 이연선림怡然禪林 두 곳에 합숙 중인 특무대원 전원과 남경·상해·광주 등지에서 급속 모집한 조선청년들을 합하여 83명을 결속시켰다.

83명 청년은 10월 하순과 11월 초순 두 번에 나누어 기선을 타고 강서성江西省 성자현으로 갔다. 그리고 그곳의 중앙육군군관학교 특별훈련반 제6기(황포군관학교 통전 기수로는 제13기)에 편입했고, 12월 1일부터 교육훈련이 시작되었다. 이 특훈반은 원래 국민당 특무기관인 남의사나 그 외곽조직 요원을 양성하는 기관이었고, 강택이 주임이었다.

민혁계 학생들은 1대대 4중대에 중국인 훈련생들과 반반 혼합으로 편성되었다. 교관은 전원 중국인이었고, 중대 내 한인 관계자는 구대장, 구대부區隊附, 학생감독관 각 1명과 조훈원助訓員(통역) 몇 명뿐이었다. 중국군 상교上校로 복무 중인 왕웅王雄(=김홍일金弘壹)이 학생감독관이었다.

남경이 일본군에 함락되어 성자현도 위험해지자, 특훈반 전체가 호북성湖北省 강릉현江陵縣으로 급히 이전케 되었다. 12월 29일부터 행군을 시작하여 1938년 1월 초에 도착했는데, 행군 대오가 한구를 통과할 때 석정과 한빈이 당의 파견을 받아 정치교관 요원으로 합류했다.

강릉으로 옮겨간 후 한인학생들만의 독립구대가 중대내 제1구대로 편성되었다. 이익성李益成 대위가 구대장으로 발령받아 왔고, 2월부터 한인 교관의 강의가 시작되었다. 석정이 한국독립운동사를, 왕지연은 정치경제학을, 김홍일이 전술학을, 그리고 석정보다 뒤에 와서 합류한 김두봉이 한국역사를 강의하였다.

그때 석정은 여러 감회가 치솟음을 느꼈다. 일본군의 군홧발과 총검이 중국 땅을 유린하면서 내륙으로 점점 진입해오는 만큼, 중국의 항전 기세도 만만찮게 고조되고 있다. 그러니 이 전쟁이 우리로서는 독립을 이루어 낼 최후의 결전의 고리가 되어줄 것이다. 따라서 우리 한국인들도 중국이 반드시 승전하도록 최대한 도와야 한다.

이런 생각 끝에, 엄동설한에도 오직 항일 의지 하나만으로 고된 훈련을 감내하고 있는 학생들이 고맙고 자랑스럽게 느껴졌다. 그들의 사기를 더 진작시켜주고 싶어졌다.

생각해보니, 학생들이 훈련 중에 마땅히 부를 만한 우리말 노래가 없었다. 이에 착안하여 석정은 군가풍의 항일가요를 하나 만들기로 마음먹었다. 곡조는 외국 것을 빌리면 되고, 가사를 짓는 것이 급선무였다. 마음을 다잡으니 어렵지 않게 가사가 쓰여졌다. 처음부터 노래의 주제로 생각해 두었던 것, 또한 그 자신과 동지들 모두가 하냥 벼르며 고대하고 있는 것, 바로 '최후의 결전'을 제목으로 삼았다.

그렇게 석정의 손에서 탄생한 노래 「최후의 결전」의 가사 전문은 다음과 같았다.

최후의 결전을 맞으러 가자
생사적 운명의 판가리로
나가자 나가자 굳게 뭉치어
원수를 소탕하러 나가자
총칼을 메고 혈전의 길로
다 앞으로 동지들아
혁명의 깃발 우리 앞에 날린다
다 앞으로 동지들아

무거운 쇠사슬을 풀어헤치고
뼈 속에 사무친 분을 풀자

삼천만 동포여 모두 뭉치자
승리는 우리를 재촉한다
총칼을 메고 혈전의 길로
다 앞으로 동지들아
혁명의 깃발 우리 앞에 날린다
다 앞으로 동지들아

　노래의 선율은 폴란드 노래 「바르샤바 혁명행진곡」에서 빌려오면서 곡조만 단조를 장조로 바꾸었다. 그랬더니 우렁차고 약동감 넘치는 노래가 되었다.

　특훈반 학생들은 너무나도 좋아하며 노래를 배워 애창하였다. 그 후 얼마 안가 조선의용대가 창설되자 의용대의 노래로 애창되었다. 1941년 7월 8일, 연안延安의 문화구락부에서 열린 화북조선청년연합회 섬감녕변구분회陝甘寧邊區分會 창립대회도 「최후의 결전」을 우렁차게 부르는 것으로 시작되었다는 『해방일보』 기사가 있다. 광복 후에도 이 노래는 조선의용군이 가는 곳마다 동북지역 도처에서 불리면서 「조선의용군행진곡」(1938년 이두산李斗山 작사·작곡)과 함께 가장 애창되는 노래가 되었다.

　특훈반 교육과정 수료와 졸업식이 임박해 있던 1938년 5월 17일, 민혁당 중앙집행위원들이 일부러 강릉까지 와서, 제3차 전당대회를 19일부터 3일간 개최하였다. 중앙위원 선거에서 석정은 무난히 재선되었지만, 대회의 주 의제인 '졸업생들의 진로와 동북으로의 진출' 문제를 놓

김원봉의 성자분교 졸업생 사열 장면(동그라미 안이 김원봉)

고서는 당내 비밀 공산주의그룹의 수령 최창익崔昌益과 설전을 벌여야 했다.

석정의 생각은 이러했다. '동북(진출) 노선'은 원칙적으로 추구할 만하고, 때가 되면 실행도 해야 할 것이다. 하지만 아직은 현실성이 약한 노선이다. 지금은 중국관내에서 한인들의 역량을 총결집하여 통일 단결시키고 무장화해야 할 과제가 가로놓여 있다. 항전 중인 중국국민당과의 협력—지원 관계도 당분간 유지되어야 한다.

그런데도 최창익파는 이상적 요구와 발론에 편승하여 무리한 주장을 고집하고 있다고 그는 보았다. 어쩌면 그들만의 이데올로기이고 간판일 수도 있었다. 결국 거기에는 당권 쟁탈의 욕심이 깔려 있는 것이고, 그런 맥락에서 그들이 당내 권력투쟁의 명분 만들기에 몰두하고 있다는 것이 석정의 판단이었다.

하지만 청년당원 다수는, 이제 곧 특훈반을 졸업할 것인지라 들뜬 마음에도 그랬겠지만, 깊은 생각 없이 동북노선을 지지하였다. 결국 그것을 당론으로 채택하는 안이 가결되었다. 다만 몇 가지 단서조건을 달고서였다. 약산 측은 이 단서조건에 의지해서 동북노선의 실행을 당분간 유예하고 '관내(유수留守) 노선'을 밟아가려 했다.

조선의용대를 창설하여 한중연합 항일전선에 서다

성자군교 특훈반 졸업식이 5월 24일에 거행된 후, 한인 교직원과 학생 합하여 100여 명이 5월 31일 강릉을 떠나 무한으로 향발했다. 물론 석정도 함께였다. 선임교관 김홍일의 인솔 하에 6월 2일 무창에 도착한 그들은 소개疏開로 비어 있는 장지동로張之洞路(현 자양로紫陽路)의 대공중학교大公中學校 교정을 숙영지로 삼았다. 그리고는 무한 보위에 바로 일조할 셈으로 가두연설, 가요 고창, 연극 공연, 삐라 살포 등의 항일선전 활동을 개시하였다.

6월 10일, 최창익·김학무 등 당내 급진파 49명이 동북노선 미집행을 이유로 탈당을 성명했다. 그렇다고 그들이 그 노선을 실행에 옮긴 것은 아니다. 그저 조선청년전시복무단朝鮮靑年戰時服務團이라는 명칭을 내걸고, 숙영지와 본부도 한구의 구 일본조계 영청신로永淸新路에 따로 설치해 운영하면서, 행보만 저홀로 취하기 시작했다.

그랬다가 그들은 경제적 후원이 따르지 않아서 궁핍해지자, 9월 초

조선의용대 창립 기념사진(1938년 10월 10일, 한구)

에 조선청년전위동맹朝鮮靑年前衛同盟(이하 '청맹')으로 조직명을 바꾸고 민선에 가입했다. 약산과 석정은 그들을 다시 받아들여 포용했다. 항일을 위한 대동단결의 큰 뜻으로였다. 더욱이 그들 청년 다수는 석정으로서는 조선혁명간부학교와 성자군관학교의 제자들이 아니었던가.

약산과 석정 외 민혁당원들의 유숙처는 한구의 구 일본조계 813가(현 승리가)의 한 국수집 건물이었다. 민선 사무소는 특4구의 홍교로虹橋路(현 노구교로)에 있었다. 그 사무소에서 국민정부 군사위원회 정치부에서 파견한 대표들과 민선 대표들이 협의하면서 조선인들만의 항일무력이 될 조선의용대 창설을 준비하였다.

드디어 중국의 쌍십절 축일인 10월 10일, 한·중 양측 관계자와 예비대원 100여 명이 참석한 가운데 한구시 중산대도中山大道의 중화기독교 청년회YMCA 한구회소會所 강당에서 의용대 창설 발대식이 거행되었다. 내빈 중 군사위원회 정치부 부부장 주은래周恩來가 동방 피압박민족의 해방투쟁에 관한 연설을 했고, 정치부 제3청장 곽말약郭末若은 축시를 낭송해주었다.

네덜란드인 영화감독 요리스 이벤스Joris Ivens는 전 대원을 한 장에 담은 기념사진을 찍어주었다. 현전하는 그 사진에서 석정은 입을 꾹 다물고 결의에 찬 표정으로 맨 앞줄 중앙에 의연히 서 있다.

10월 13일에는 역시 기독교청년회소 강당에서 의용대 창설 축하 유예회遊藝會가 열렸다. 참석 관중이 700여 명이었을 정도로 대성황을 이루었다. 「아리랑」, 「민족해방가」, 「자유의 빛」 등 노래와 「쇠」, 「두만강변」 등 연극이 공연되었다.

창설 당시 대원수가 100명가량 규모이던 의용대의 공식 지위는 조선민족전선연맹 산하의 항일무력이었다. 하지만 실제 운영에서는 국민정부 군사위원회 정치부의 재정·장비 지원과 그에 따른 지도·감독을 받아야 했다. 그래서 중국 측 5명과 한인 4명(민선의 4개 가맹단체 대표 각 1명)으로 구성된 지도위원회가 가동되었다.

김약산이 대장으로 취임하였고, 본부와 2개 구대(각기 민혁과 청맹 계열) 내 2개 분대씩 조직으로 출범하였다. 본부 직속 부서로 참모실, 정치

조선의용대 대장 김원봉

조, 총무조를 두었는데, 석정이 김성숙(조장)과 함께 정치조 요원이 되었다.

조선의용대는 창설 직후부터 무한 보위전에 뛰어들어, 항일선전, 전선원호, 부상병 후송 등에 전력을 다했다. 그러나 그런 노력도 헛되이 무한은 10월 25일 일본군에 함락되고 말았다.

그래도 실함 이틀 전인 23일 밤까지 의용대원들은 네댓 명씩 무리를 지어 사다리를 메고 다니며 거리의 담벽과 길바닥과 물탱크에 콜타르나 페인트로 일본어 표어를 써댔다. "병사들은 전선에서 피를 흘리고 재벌들은 후방에서 향락을 누린다"거나, "병사들의 피와 생명, 장군들의 금질 메달"이라는 문구였다.

무한철수를 앞두고 마지막 민정시찰에 나섰던 곽말약은 이 광경을 보고 경탄하여, "보라, 중국인들은 다 도망갔지만 조선 사람들만이 남아서 마지막까지 싸우고 있지 않았겠는가"라고 회상록에 기술했다. 후에 포로들의 진술로 알게 된 바이지만, 일본군은 그 표어들 때문에 크게 골머리를 앓았다. 사흘 걸려 다 지울 수는 있었으나, 일본군 병사들의 머릿속에 이미 들어가 박힌 내용은 지울 길이 없었던 것이다. 그 표어들은 일본군을 강타하고 와해시키는 정신적 지뢰와도 같은 것이었다.

무한철수 이후 의용대의 2개 구대는 중국의 각 전구에 배속받은 대로 분산 이동하여 전선구역에서 활동하였다. 진지선전대와 유격선전대를 조직해서 적군와해 심리전 공작을 펴고, 포로 심문 및 교화 사업도

대적표어를 쓰는 조선의용대원

맡아하였다.

　제9전구 사령부(사령장관 설악薛岳)에 배속된 제1구대(대장 박효삼) 40여 명은 호남성湖南省 형산衡山에까지 남하 진출했다가 여러 곳을 거치며 북상하여 12월 초에 장사長沙에 도착하였다. 거기서 연말까지 이재민 구제사업과 가두선전사업에 종사하였다. 그 후 전선으로 나아가 중국군을 도왔는데, 상북회전湘北會戰에 세 차례 참전했고, 광서성廣西省 남부의 곤륜관崑崙關 쟁탈전에도 참전했다.

　제5전구 사령부(사령 이종인李宗仁)에 배속된 제2구대(대장 이익성) 제1분대원 8명은 호북성 노하구老河口를 근거지로 하고, 대홍산大洪山을 넘어 번성樊城 양양襄陽 일대에서 주로 활동하였다. 한빈과 김학철이 이 대오에 함께 있었다.

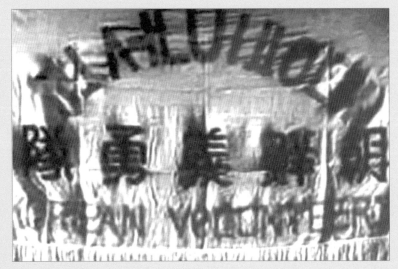

조선의용대 기

조선의용대원 표찰(황민의 것)

제1전구 사령부(사령 정잠程潛)에 배속된 제2구대 제2분대 대원 8명 중 최창익과 장지민張志民(=석성재石成材)은 섬서성陝西省 서안西安에 도착하자 연안으로 넘어갔고, 이세영李世榮, 문정일文正一(=이운룡李雲龍), 장중진張重鎭, 노민魯民(=장해운張海運) 등 6인은 서안의 전구 정치부에서 공작했다. 그러다 전구 사령이 위립황衛立煌으로 바뀌던 때인 1939년 여름에 그 중 4명이 낙양의 장관사령부로 옮겨갔다.

정향명丁向明(=성시백成始伯)과 장중진은 서북행영장西北行營長으로 임명된 정잠을 따라 천수天水로 갔고, 그 대신 이상조李相朝와 백정白正이 배속되어 왔다. 제2분대원들은 황하 이북의 임현林縣 일대로까지 나가서 무장선전 활동을 하였고, 제2구대 전체로는 악북회전鄂北會戰, 산서성山西省 중조산中條山의 반소탕전反掃蕩戰 등 여러 전투에 참가하여 빛나는 전적을 거두었다.

한편, 한구를 떠날 때 석정이 동행한 본부 요원들은 군사위원회 정치부를 따라 도보행군, 차량행군, 목선이동, 기차이동 등의 수단을 번갈아가며 호남성 악양岳陽, 형산, 형양衡陽, 냉수탄冷水灘을 거쳐서 11월 말에 광서성 계림桂林에 도착하였다. 무한철수 이후의 새 전선사령부가 될 중국군사위원회 서남행영西南行營(주임 백숭희白崇禧)이 그곳에 설치되어 있었고, 조선의용대의 활동도 행영 정치부(주임 양한조梁寒操)의 지휘를 받도록 되어 있었다.

본부 사무소는 12월 3일에 수동문水東門 밖의 동강진東江鎭 동령가東靈街(현 칠성공원)에 설치했는데, 이듬해 8월 시가원施家園으로 옮겨갔다. 63명의 얼굴이 담긴 의용대 창립 1주년 기념사진은 여기서 찍은 것이다.

두 곳 다 일본군의 공습을 피하기가 비교적 용이한 지점이었다. 계림에 있는 동안 의용대 본부는 가두선전, 순회공연, 선전잡지 발간, 기념행사 거행, 간부 양성, 조선인 포로 교도공작, 혁명단체 통일운동 등 다양한 사업을 벌였다.

풍치 아름다운 소도시이던 계림은 전쟁 기간에 묘하게도 문화도시, 자유도시로 번성하였다. 무한과 광주에서 철수한 1천여 명의 작가, 시인, 기자, 출판인, 연극인, 음악가, 미술가들이 계림으로 모여들었기 때문이다. 광서계 군벌 백숭희가 장개석 직계를 견제하고 일본군의 광서침공을 막아내기 위해 중공 관계자들과 진보적 문화인들을 대거 받아들여서이기도 했다. 그들 문화인은 대부분 항일 정서가 강했고, 그 때문에도 계림에서는 항일문화운동이 왕성하게 전개되었다.

그런 중국 문화인들의 눈에도 의용대는 특이하고도 신선한 존재로 비쳤다. 계림에 들어서자마자 이 조선청년들이 시내로 달려가 담장에 항일 벽화를 그리거나 표어를 쓰고 벽보를 붙이는 등의 일을 아주 흥겹게 자발적으로 해냈기 때문이다.

1939년 1월 초에 의용대가 제작한 특이한 표어와 벽보도 사람들의 눈길을 끌고 발걸음을 멈추게 했다. 그 표어와 벽보는 유쾌·안도·흥분·감동 등 여러 감정을 불러일으켰다.

1938년 12월 25일 밤에는 계림의 문예일꾼들이 연 문예행사에서 여대원 김위金煒가 무대에 올라 낭랑한 음성으로 자작시를 읊어서 박수갈채를 받았다.

"우리는 조선의용대 / 우리 120명은 / 제국주의 채찍 밑으로부터 /

조선의용대 창립 1주년 기념사진(1939년 10월 10일, 계림)

흐느끼는 조국 땅으로부터 / 바다의 저쪽으로부터 / 싸우는 중국으로
간다."

　담백하면서도 호소력 넘치는 단시短詩였다.

　1939년 3월 1일에는 3·1운동 20주년을 기념코자 연극「조선의 딸」
을 계림 시내 신화희원新華戲院에서 야간공연하였다. 유동선전대장 김창
만金昌滿이 연출을 맡아 한 달 동안 준비한 연극이었다. 연극을 관람하
고 감동 받은 중국인들의 감상평 여러 편이 『구망일보』에 투고, 게재되
었다.

　조선의용대 본부는 대외선전에도 주력하였다. 그 일환으로 중문판

『조선의용대통신』 제3호(1939년 2월 5일)

기관지를 정기적으로 간행키로 하여, 『조선의용대 통신』을 1939년 1월 21일자의 창간호부터 순간旬刊으로 냈다.

그 발간 업무를 처음에는 정치조가 맡은 것 같고, 1939년 10월 이후로는 대 본부 안에 신설된 편집위원회의 중문간위원회(주편위원 한지성)가 주관하였다. 5인 정치조에서 부조장 겸 훈련주임이던 석정과 조원 진일평陳一平, 김석락金錫洛은 각기 다른 사정과 이유로 인해 이 일에 (거의) 참여할 수 없었다. 따라서 한지성과 김성숙 위원 2인이 주제 기획, 원고 청탁, 집필 등의 일을 주관했을 것이다. 국문 원고의 중문 번역과 윤문 및 교정은 성자군교 특훈반에서 한국어를 전습專習했던 중국인 대원 3인이 크게 조력해준 것 같다.

대 본부가 중경으로 이전하고 나서는 제34기부터 『조선의용대』로 제호를 바꾸고 월간으로 발행했다. 중문판 본부 기관지 말고도, 의용대의 각 구대와 분대가 저마다 경쟁적으로 국한문판 선전·소식지를 냈다.

조금 뒤에 가서, 의용대 본부에서도 국한문판 선전지 『전고戰鼓』를 발간했다. 그 일은 편집위원회 내의 한문간韓文刊위원회가 주재했고, 그 주편위원을 석정이 겸임하였다. 한문간위의 다른 위원은 김두봉, 이영준,

김상덕 이렇게 3인이었다. 이들 4인 모두 남경시절에 민혁당 소식지나 기관지 발간에 관여했던 이들이다. 특히 석정과 이영준의 관록, 안목, 솜씨가 유감없이 발휘되었을 것이다. 구대나 분대별 선전·소식지를 내도록 제안하고 주장하여 대내 정보유통과 의사소통 극대화를 꾀한 것도 이 두 사람의 발상이 아니었을까 생각된다.

중문간위원회와 한문간위원회 둘 다를 아우르는 편집위원회 주임은 이두산이었다. 경북 달성達城 출신인 그는 1920년 8월 상해에서 임시정부의 공채모집

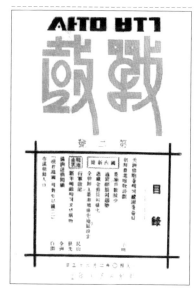

「전고」 제2호 표지

위원 및 경북특파원으로 임명 받고 귀국하여 암약했다. 그러다 경찰의 수사가 확대되자 자수하고 기소되어 1년여 투옥되어 있다 나온 후 1925년 4월에 다시 상해로 탈출하였다. 그 국내활동 기간에 이두산은 밀양의 집성학교集成學校 영어교사로 재직하였고, 그때의 주소가 내이동 905번지, 그러니까 석정과 약산의 생가 바로 옆집 또는 앞집쯤이었다.

이두산의 장남 이정호李貞浩도 광동에서 중산대학을 다닐 때부터 독립운동에 관여하고 민족혁명당에도 가입해 있다가 1937년 성자군교 특훈반의 조훈원을 거쳐 동생 이동호李東浩와 함께 의용대원이 되어 있었다.

이정호는 다방면으로 인재여서 약산의 총애를 받았고, 계림에 같이 와서 본부의 기요조機要組 조사주임으로 일하였다. 그는 1913년생이었으니, 8~9세부터 13세까지를 밀양 내이동에서 살았다는 얘기가 된다. 참 기묘한 우연이고 특별한 인연이었다.

포로 교도공작의 대성공과 전선 재통일운동의 실패

계림시절에 석정이 역점 두고 수행하여 성과를 크게 본 사업이 있었으니, 한인포로 교도공작이었다. 1938년 여름에 민혁당은 무창의 국민정부 군사위 군정부軍政部 제2포로수용소에 한인포로들이 있다는 정보를 입수하고, 사람을 보내서 그들의 정황에 대한 초보적 조사를 한 적이 있었다.

그 후 전황이 급박하고 당면사업들이 많아서 그쪽은 챙기지 못한 채, 수용소가 장사 쪽으로 이동했다는 소식만 들어 알고 있었다. 계림으로 이동해 와서 겨우 숨을 돌리게 되니, 그 포로들 처리 문제가 현안처리 건의 하나로 제기되었다.

그래서 대 본부에서는 석정과 강홍구姜弘九 두 사람을 파견하여 한인 포로들에 대한 교도공작을 진행토록 하였다. 석정은 이 공작의 처음부터 끝까지 자세한 실황을 「화평촌 통신和平村通迅」이라는 제목의 보고문으로 만들어서 『조선의용대 통신』 제7기부터 제10기까지 4회에 걸쳐 연재하였다. '화평촌'이란 여러 곳으로 옮겨 다닌 제2포로수용소의 별칭이었다. 그 내용을 따라가 보면 그가 포로 교도공작을 어떻게 수행했고 무엇을 얻었는지를 잘 알 수 있다.

1939년 2월 초순에 석정과 강홍구는 장사에서 기차를 타고 원릉沅陵을 거쳐 나흘 걸려 지강芷江에 도착하였다. 거기서 만난 중국 중앙군 제13군의 한인 장교 노태준盧泰俊과 송면수宋冕秀로부터 제2포로수용소가 상덕常德에서 진계辰溪로, 다시 며칠 전에는 귀주성貴州省 진원鎭遠으로 이전해 갔음을 들어 알게 되었다. 한 쌍의 부부가 어린이를 데리고 있더라는 얘기도 들은 석정은 그때의 심정을 이렇게 썼다.

그 순진한 어린이는 세상에 태어나자마자 곧 망국노가 되었고 포로가 되었다. 나는 이 모든 것을 생각하니 마음속으로 말 못할 아픔을 느꼈다. 하루 빨리 수용소에 가서 그 가여운 어린이에게 조금이라도 위안을 주고 싶었다.

지강에서 진원까지의 직통기차가 없었으므로 양인은 호남성과 귀주성의 접경 지점인 황현晃縣까지 가서 갈아타려 했다. 그러나 여객이 너무 많아 표를 구하지 못해서, 닷새만에야 겨우 군용화물차에 편승하여 진원에 갈 수 있었다. 수용소는 현지의 여자소학교를 임시로 빌려 쓰고 있었다. 수용된 포로 135명 중 31명이 한인이었고, 모두 민간인이었다. 앞서 말한 어린이는 상덕에 있을 때 병이 나서 죽고 없었다.

이렇게 민간인들까지 포로가 되었던 것은 중국군 당국이 항일전에서 승리하고 있다는 대국민 및 대외국 선전의 증거자료를 확보하려 한 때문이었다. 게다가 일본군의 사기를 저하시키기 위해서는 포로들을 설득, 귀순시켜 반전활동에 동원할 필요가 있었으므로, 의용대에 연락하여 한인포로들이 있음을 알려주었던 것이다.

포로 중 11명은 제주도濟州島 출신으로, 부산의 어느 일본인 소유 화물선에 고용된 선원들이었다. 4천 포대의 밀가루를 싣고 대련에서 천진으로 운항 중 태풍을 만나 표류하다 산동성山東省 어느 해안에 표착한 것을 중국군이 나포해 온 것이었다.

다른 12명은 화북지방의 철로 연선에서 장사를 하다 간첩으로 의심받아 중국인 항일유격대에 잡혀온 경우였다. 여성 포로도 8명 있었는데, 그 중 4명은 상인들의 부인, 4명은 가련한 처지의 매춘녀들이었다.

말이 통하는 동포인 석정과 강홍구를 만나니 포로들은 매우 기뻐하였다. 그들은 4~5일 후로 다가온 3·1절에 20주년 기념회를 열 것을 요청했다.

석정은 수용소장 추임지鄒任之에게 교섭하여, 3·1절에 간단히 다과를 갖추고서 한인들만의 회합과 행사를 할 수 있도록 부탁했다. 그런데 3월 1일이 되자 소장이 돼지 한 마리를 잡아 놓고 마을사람들까지 불러와서 성대한 연회가 되도록 해주고, 조선인들만의 다과회는 따로 마련해주었다.

거기서 기념사와 망국역사 회고는 모두 포로들이 준비해 둔 발언으로 하였다. 행사를 마친 후 석정은 포로 한 사람씩 면담하여 인적사항을 파악하였고, 항일운동의 대오에 가담을 권했다. 석정의 뛰어난 언변과 그 설득력 덕분인지 반응들이 좋았다.

제2포로수용소는 1939년 여름에 중경 교외 남온천 부근에 박애촌

博愛村이라는 이름의 분소를 설치하고, 앞서 진원에서 반일·반전운동에 나서겠다고 한 한인과 일본인 포로 전원을 그곳으로 이송했다. 석정도 동행했다. 그리고는 계림으로 돌아가지 않고, 중경 남안 탄자석 아공보 손가화원 학항당學巷堂 8호의 민선 본부에서 처자와 여러 동지 및 그 가족들과 합숙하며 한동안 지낸 것 같다.

그 후 박애촌으로 김원봉 외 의용대 간부진 여럿이 찾아가서, 중일전쟁 전황과 세계정세, 조선의 앞길 문제 등을 한인포로들에게 자세히 설명해주었다. 얼마 후 그들은 조선의용대로 인계되어 석정이 훈련을 시켰고, 1939년 9월 9일에 성대한 '해방식'을 거쳐 전원 석방되었다. 그들도 석정이 정성 들여 훈련시켜 키워낸 제자들인 것이었다.

해방포로들은 군복으로 갈아입고 계림으로 가서 조선의용대에 입대하였다. 이렇게 해서 현저히 증강된 병력으로, 1939년 10월경의 대원 총수는 창설 때보다 58명 늘어난 155명으로 집계되었다. 그와 별도의 중국인 요원이 11명이었고, 중국군 포로 출신인 오오다케大竹, 마쓰이松井, 이토伊藤 등 일본인 대원들도 몇 명 있었다.

창설 1주년이던 그때 10월에 조선의용대 지도위원회는 조직조례 개정계획을 군사위원회 정치부에 보고하였다. 대 본부는 총대부總隊部로, 구대는 지대支隊로 개칭하고, 제3지대를 신편함이 그 골자였다. 이 계획은 1940년 7월 3일에 승인이 났지만, 시행은 이미 1939년 11월 호남성 형양에서 부대개편을 할 때부터 되고 있었다.

거기서 제1구대의 절반은 제1지대(대장 박효삼)로 재편되었고, 제1구대의 나머지 절반과 신입대원들을 섞어서 대원 63명의 제3지대(대장 김

포로 해방과 신입대원으로의 변신

세광金世光=김세일, 부대장 양민산)가 편성되었다. 신편 제3지대의 3개 분대는 주로 강서성과 호남성 북부에서 활동하도록 분산 배치되었다.

중국군이 넘겨 준 31명 포로를 교도하고 대원으로 전환시켜 흡수한 경험을 갖게 된 조선의용대는 그 성과에 스스로 놀라고 자신감도 부쩍 생겨났다. 그래서 화북의 적후敵後(일본군 점령지구)로 들어가 조선동포들의 마음을 돌려 얻는 일도 적극 시도하기로 결정하였다.

1939년 12월에 광서성 남녕南寧 부근의 곤륜관을 중·일 양군이 몇 차례나 뺏기고 빼앗는 치열한 접전이 벌어지다가 일본군의 승리로 최종 귀결되었다. 장개석은 이 패배의 책임을 물어, 잠재적 라이벌이던 서남행영 주임 백숭희의 계급을 강등시켰다. 백숭희는 계림을 떠나 중경으로 가버렸고, 서남행영은 취소되었다.

서남행영과 그 정치부가 없어진 계림에서 의용대 본부가 예하 지대에 대해 본부 구실을 하기는 어려웠다. 이에 조선의용대 본부도 계림을 떠나 중경으로 이동키로 하였다.

1940년 3월 16일에 의용대 총대부 요원 중 제1진이 계림을 철수하여, 4월 6일 중경에 도착했다. 의용대와 민혁당은 새 사무소를 남안구 탄자석 묘배타苗背沱에 두었다.

계림 철수 때 총대부 외교부장으로 전임된 박효삼의 후임으로 부대장副隊長 신악이 제1지대장이 되었다. 그는 대원 20여 명을 이끌고 제5전구의 노하구로 가서 제2지대에 지원 배속시켰다. 그리고 낙양으로 가서 제1전구 장관사령부를 방문한 후, 이정호만 동반하고 중경 총대부로 귀임하였다. 이때 제1지대원 중 장중광張重光(=강병학康秉鶴)·마덕산(=이원대李元大) 등 정예요원 6명은 '북진지대'라는 이름으로 하남성河南省 방면으로 파견되어 제92군에 배속되었다.

계림 철수 전인 1940년 2월 현재로 조선의용대 지도위원회가 작성한 인사통계표에는 총대부 98명, 제1지대 78명, 제2지대 75명, 제3지대 63명, 총원 314명인 것으로 인원 집계되었다. 총대부 인원에는 예하 부녀복무단원 22명과 3·1소년단원 24명이 포함시켜진 것이었다. 그중 상당수는 중경의 대원 가족이거나 활동력이 미약한 연소자와 노약자였을 것이다.

총대부 정치조는 역할에 상응해서인지 대폭 증원되어 23명이었다. 석정은 편집위원회의 한문간위원회 주편위원과 정치조 훈련주임을 겸임했는데, 정치조 조장은 그보다 10년 이상 아래인 김학무였다. 어떤 자료에는 김학무가 이익성의 후임으로 제2지대장이었던 것으로도 나온다.

어느 경우든 민혁과 청맹으로 거의 양분되어 있던 대내의 정치적 세력판도가 반영된 것이었다고 보면 된다. 김학무는 1938년 말 연안으로 가버린 최창익의 뒤를 이어, 청맹의 최고 실력자 겸 대변자가 되고 있었던 것이다.

이와 관련하여 석정은 통일운동의 허무한 실패와 좌절이라는 아픈 경험을 갖게 되었다. 1939년 8월 하순, 사천성 기강현綦江縣의 영산빈관瀛山賓館에서 7당 통일회의가 개최되었다. 거슬러 올라가면 1938년 5월 장사에서 벌어진 불상사인 '남목청南木廳 사건'에서 이 회의 개최의 배경을 찾을 수도 있지만, 어쨌든 아공보의 민혁당 사무소로 직접 찾아온 김구의 회담 제의가 촉매제가 된 것이었다. 그래서 1939년 5월에 김구와 김원봉이 동지·동포들에게 보내는 공개서한이 발표되었고, 거기서 한 걸음 더 나아간 것이 이 회의였던 것이다.

그때 중경에 체류 중이던 석정은 성주식과 함께 민혁당 대표로 나가라는 당명을 받았다. 5년 전 남경에서의 대동통일회의를 떠올리면서, 또한 그 회의가 민족혁명당 창립이라는 결실을 낳았음도 추억하면서, 이번에도 좋은 진전이 있기를 소망하고 기대도 해보면서, 그는 기강으로의 발걸음을 재촉했다.

하지만 기대가 크면 실망도 커지게만 되는 것일까. 막상 회의가 열리자 각 단체의 입장과 의견이 서로 부딪치고 엇갈리더니, 결국은 성과 없이 결렬되고 말았다. 1차 회의에서는 청맹과 조선민족해방동맹이 수적

열세인 입장에서 내놓기 마련인 단체본위의 연맹체 조직론을 끝까지 주장하고 강변하다 사세가 여의치 않자 중도 퇴장해버렸다.

남은 5개 단체는 모두 개인본위의 단일당 결성을 지지 또는 수용하는 입장이었으므로, 그 대표들이 9월 들어 2차 회의를 열어서 다시 대좌했다. 그러나 여러 쟁점을 놓고 기존 입장 고수와 팽팽한 대립이 계속되었다. 통일 원리(개인본위 대 단체본위)와 통일 방식(단일당 대 연맹체)이 1차 회의의 쟁점이었다면, 이번에는 최고 권력 소재(임시정부 대 통일신당), 당 지도체제(집단 대 단일), 당원 자격('과거의 정치적 신조 불문' 대 '과거의 주의·신앙 불문'), 당원 사상 규제 여부(통일 대 자유) 등이 쟁점이 되었다.

그런 쟁점들의 저변에는 실상 김구 측의 절대 반공과 김원봉 측의 중도적 용공(容共→溶共→用共)이라는 기본입장의 충돌이 깔려있었다고 봐야 한다. 바로 그 문제로 인한 불신과 상호 비방과 알력이 상당했던 것이다. 결국 2차 회의('5당 통일회의')도 합의에 이르지 못하고 원점으로 돌아간 채 허무하게 끝나버렸다.

아무리 애써도 넘지 못할 거대한 정치적 장벽과 마음의 굴레 같은 것이 재중국 독립운동 진영 내부에 버티고 있음을 석정은 똑똑히 보아버린 느낌이었다. 이해하기 어려웠고, 실망감이 크게 밀려왔다. 그래도 그는 김구를 독립운동계의 거목이요, 영수領袖로 대우하고 존중하는 자세를 접지는 않았다.

07 화북전선에서의 분투와 장렬한 최후

무장화와 적후공작을 위해 의용대의 화북행을 추진하다

기강통일회의가 결렬되고 8개월쯤 뒤인 1940년 5월에 광복진선 계열의 우익 3당이 통합을 선언하고 한국독립당이 되었다. 9월에는 한국독립당이 '임시정부 직속의 국군'으로 한국광복군韓國光復軍을 창설함을 중경에서의 총사령부 성립 전례식典禮式을 통하여 내외에 선언 공표하였다. 전례식에서는 조선의용대의 편제 규모를 의식한 듯, 1년 내 3개 지대 편성 계획이 같이 공표되었다.

임시정부는 1939년에 군사특파단을 서안에 파견했었고, 1940년 1월에는 김구와 기맥이 상통하는 한국청년전지공작대韓國靑年戰地工作隊가 서안에 본부를 두고 적지공작을 개시하였다. 서안은 낙양과 함께 황하 이남의 국민정부 통치구역과 화북지역을 연결시켜주는 2개 관문 중의 하나였다. 따라서 서안을 활동 근거지로 삼는다는 것은 광복군이 화북지역 공작을 일찌감치 준비하고 있다는 뜻으로 충분히 읽힐 법하였다.

조선의용대 성립 2주년 기념대회에서 연설하는 김원봉

이것은 조선의용대에도 자극을 주고 경쟁심을 크게 촉발할 일이었다.

그런 정황 속에서 석정은 '2주년 기념 특간호'인 1940년 9월 13일자의 『조선의용대』 37호에 「본대 성립 2주년 기념 감언感言」이라는 제목의 글을 기고했다. 1,200여 자 상당의 이 글에서 석정은 지난 2년간의 의용대 활동에 대한 소감을 차분히 피력한 후, 이제부터 나아갈 길을 다음과 같이 제시하였다.

비록 우리의 역량은 매우 취약하지만 중국항전 장병들과 협동하여 적과 몸으로 부딪치는 외에는 다른 길이 없다. 이처럼 솔직한 실천을 통해서만 천 명, 만 명의 조선동포들이 우리에게 호응하여 우리의 핏자국을 따라 해방의 대도大道로 매진하게끔 할 수 있을 것으로 확신한다.

조선의용대원의 진지선전 함화 장면

또한 중·한 두 민족이 계속해서 밀접한 관계를 유지하고 중시해야만 항전의 승리와 미래의 공존공영을 실현할 수 있다고도 적었다.

'적과의 육박전'을 강조하고 '중국과의 밀접관계 중시'를 당부한 이 글이 그가 동지들에게 남기는 마지막 문장이 될 줄은 그때 어이 알았으랴. 더욱이 그로부터 1년 반쯤 후에 '중국과의 밀접관계' 속에서 '적과의 육박전'을 벌이다 장렬하게 희생되어갔으니, 마치 자기예언적 문서가 된 것과도 같았다.

위의 글 속의 석정의 회고가 아니더라도, 실제로 의용대는 창설 후 2년여 동안 화중·화남 전선의 6개 전구 13개 성省을 누비면서 항일공작을 전개했고, 그 발자취를 중국 중남부 곳곳에 아로새겨 놓았다. 의용대의 대적선전공작 내용만 수치로 간단히 제시해볼지라도, 6만여 명의 대적공작 간부를 훈련시켰고, 한·중문 소책자 5만 부와 전단 51만 장, 표어 40만 장을 인쇄 배포하였다.

부여받은 주 임무가 비무장의 진지선전공작이었다고 하지만, 상북(호남성 북부)과 악북(호북성 북부)의 대회전, 곤륜관 쟁탈전, 중조산 반소탕전, 무주撫州·통성通城·통산通山·대사평大沙坪·숭양崇陽·철사강鐵絲崗·석산錫山·활수당活水塘 전투 등, 대적전투에 직접 참가한 것도 한두 번이 아니었다.

그런 과업을 마치 즐기기라도 하듯 쾌활하게 힘 모아 해내고 마는, 또한 어떤 난관에도 굴하지 않는 의용대원들의 모습은 중국인들이 보기에 마냥 경이로울 뿐이었다. 그런 감상을 중국인 마의馬義는 다음과 같이 활달한 필치로 기술한 바 있다.

이 경모敬慕스러운 조선전우들은 나이 젊고 정열적이며, 활력 있고 생기 넘치며, 영원히 향상하고 허심히 학습한다. 그들의 생활은 긴장되고도 열렬하며, 간단하고도 소박하다. 그들은 능히 고생을 무릅쓰며, 능히 현실을 정시正視하며, 능히 곤란을 이겨내며, 능히 단합하고 서로 도우며, 용감히 자아희생하며, 적극적으로 창조한다. 그들은 군사와 정치를 겸비한 간부이며, 탁월한 군사지휘관인 동시에 모범적인 정치사업자이다. 그들은 용감하고 튼튼하며, 영원히 조선민족해방 사업에 충성하는, 중국항전 가운데의 공신功臣이기도 하다.

　　　　　　　　　　　－『조선의용대 승리의 4년朝鮮義勇隊勝利的四年』, 1942

그러나 이처럼 찬탄 일변도의 외부적 시각과는 달리, 의용대 내부에는 다소 착잡한 생각들과 분위기가 없지 않아 노출되고 있었다. 회의와 반성의 염, 새로운 출구 모색의 목소리가 일반 대원만 아니라 간부진 중에서도 일고 있었다. 말하자면 이런 유의 자탄과 비판과 제안 같은 것이었다. '아무리 열심히 하고 잘 싸워본들, 중국군을 돕는다는 것밖에는 남는 게 없지 않느냐', '국민당 군대의 항일태세가 너무 느슨하고, 싸워서 필승하겠다는 전의戰意도 많이 부족해 보인다', '그런 군대와 백년하청으로 어울려 있을 바에는 동포들이 다수 거주하는 화북으로 건너가서, 그들을 포섭하고 발동시켜 본때 있게 대적전투를 감행하는 것이 백배 낫지 않겠느냐' 등이었다.

이런 정황 속에서 분대장급 이상의 지휘관과 간부진이 소집되어 참석하는 확대간부회의가 1940년 11월 4일, 중경의 총대부에서 열렸다. 이것은 새삼스런 난상토론의 자리였기보다, 암묵적으로 공감대가 넓혀져 온 향후 진로 즉 '화북진출'을 국민정부 군사위원회에 승인 요청하기 위해 내부결의를 공식화하는 절차였던 것으로 여겨진다.

예측된 대로, 확대간부회의는 화북진출 및 적후공작의 의미를 필연 내포하는 '북상항일'을 공식 결의했다. 그 이유로 제시된 자기비판의 요점은, 자체무장 결여, 동포발동공작 미흡, 자력갱생정신 결핍, 이 세 가지였다.

이에 따라 의용대의 향후 활동의 우선 방침으로, 자체 무장화를 통한 항일무장대오 건립, 조선동포 다수거주 지역으로의 진출, 선전공작으로부터 전투공작으로의 중점 변경을 제기하고 결의하였다. 관련하여 김약산은, 1941년 1월 1일자의 『조선의용대』 제39기에 실린 글 「신형세와 신임무」에서 "적후발전과 무장화로의 전진은 지금의 관내 조선혁명운동의 유일하게 정확한 혁명노선입니다"라고 언명했다시피, 적극 찬동함을 표했다.

확대간부회의 종료와 동시에 지대 지휘부의 일부 교체가 단행되었다. 1지대장 박효삼과 정치지도원 왕통王通을 직위는 그대로인 채 3지대로 이동시켰다. 3지대장이던 김세일은 부대장副隊長으로, 정치지도원이던 양민산은 정치조리원政治助理員으로 강임降任되었다. 1지대는 지대장 왕자인王子仁(=최인崔仁), 정치지도원 호일화胡一華(=이상조), 정치조리원 호철명胡哲明(=한인섭韓仁燮)으로 새로 임명되었다.

3지대 지휘부를 특히 강화시킴과 동시에, 정치조리원 직을 신설하여 1지대와 3지대에 적용했음이 이번 인사의 특이점이었다. 의용대의 북상이동을 암암리 예고함과 아울러, 북상에 대비하여 지휘체계를 미리 정비하고 대원 정치교양도 강화하려는 조치였다.

호철명은 2지대 내 중공당 비밀지부의 서기였다. 그의 정치조리원직 임명은 중공 쪽과 비선 연결되어 있던 청맹-김학무파의 사전공작의 의미로 읽히기 십상이다. 그러나 나중 가서 보면 수긍이 가겠지만, 약산 쪽에서 1지대의 화북 진출과 그 후의 활보가 용이해지도록 취한 적극적 준비조치일 수도 있었다.

강서 방면의 3지대 100여 명은 총대부의 명에 의해 이미 9월에 중경에 들어와 있었다. 그리고 10월 3일에 총대부는 중경의 일심호텔一心飯店로 『중앙일보』와 『신화일보』 기자를 초대하여 3지대의 1년간 공작정형을 홍보하였다. 또한 그들이 머지않아 낙양으로 북상하여 적 후방으로 갈 것이며, 금후 한적韓籍 적군(일본군 병사로 징발되어 있는 한인)을 쟁취하고 동포들을 단합시켜 군중적 혁명무장을 건립하는 것이 주요 과업이라고 발표하였다.

선전주임 한지성이 주관했을 이날의 기자회견 내용은 10월 4일자의 『중앙일보』 지면에 "3지대는 며칠 내로 화북전지로 떠나갈 것" 등의 기사로 즉각 반영되었다. 이처럼 의용대의 화북진출 계획은 일찌감치 기정사실화해 있었다.

확대간부회의가 있고난 후 석정이 이정호를 대동하고 김구를 찾아갔다는 최채崔采(1914~2006)의 회고 증언이 있다. 인성학교仁成學校 교장도 지낸 독립투사 최중호崔重鎬(이명 황훈黃勳)의 장남으로 10대 말에 상해에서 조공계 공청단원으로 활동했던 최채는 남경의 영화촬영소 직원 일을 하다 중경으로 가서 조선의용대에 입대하여 총대부에서 복무했다. 석정과는 선전조 조장과 간사의 관계였다고 자술하는데, 석정의 지도를 받아 각성케 되었음을 두고두고 얘기하며 생애 말년까지 그를 흠모했다. 부친이 항일운동을 하다 1934년에 병고로 순국한데다 본인은 총기 있고 유능한 최채를 석정도 많이 아꼈던 것 같다.

최채의 회고 서술에 의하면, 김구를 방문한 자리에서 석정은 "이번에 소집된 확대간부회의는 우리 당 입장에서 매우 중요한 의미를 띱니다. 조선의용대 건립 후 2년간의 실천 경험에 근거하여, 우리는 적 후방에 침투하여 그곳에서 피어린 싸움을 벌이고 있는 중국 팔로군과 함께 항일전을 전개하는 것이 마땅함을 깊이 깨달았습니다"고 말하고, 향후의 행동 방침도 전언했다 한다.

과연 석정이 골수 반공주의자로 익히 알려져 있는 백범 앞에서 '팔로군과 함께'라는 말을 입에 올렸을지는 의문이다. 위 대화에서도 김구는 원칙론적인 얘기 외에는 전반적으로 탐탁찮은 반응을 내보인 것으로 전해진다. 그런데 최채의 회고문은 그 이상의 얘기까지 담고 있다.

첫째, 의용대의 화북행은 처음부터 태항산의 팔로군 근거지로 들어감을 목표로 한 것이었고, 그것은 약산이 극비리에 팔로군 중경판사처辦事處 주임이던 주은래에게 요청해서 결정지어진 일이었다는 것이다.

둘째, 약산의 최측근이요 가장 신뢰하는 동지이던 석정과 박효삼도 의용대의 태항산 항일근거지로의 이동을 강력히 주장하고 건의했다는 것이다.

이 서술을 사실 그대로인 것으로 받아들인다면, 조선의용대의 화북행 결정의 이유나 그 내막에 대한 종래의 통설과 인식은 상당 정도 수정되어야 한다. 안 그래도 이 문제에 대해서는 보다 더 거시적이고 종합적인 고찰이 필요하다는 생각을 안 해볼 수 없었다. 그런 견지에서의 논의를 여기서 자세히 할 수는 없겠고, 졸견만 대강 간추려 적어보면 이렇다.

일부 간부진까지 포함하여 의용대 대원 다수가 화북으로 가기를 원하고 주장하고 강력히 요구도 했다는 것은 부인할 수 없이 엄연한 사실이다. 석정도 그러했다. 국민당 군대에 실망했고 국민당지구에서의 활동 기조와 내용에 회의가 들었다는 것도 수긍할 만한 얘기였다.

게다가 그런 분위기와 담화를 일부러 조장하고 퍼뜨리는 내부세력도 상당수 있었다. 반反장개석, 반국민당 입장이 너무도 뚜렷했던 공산주의자, 급진좌파 성원, 중공 비밀당원 및 그 세포조직을 말함이다. 그들은 의용대 전체를 태항산의 팔로군지구나 연안으로 끌어가고 싶은 욕구가 아주 강했을 것이다. 더욱이 화북에는 20만 명 이상의 조선동포들이 살고 있으니, 그들을 포섭 쟁취하면 무척 강대한 항일무력이 될 것이라는 전망과 기대가 어렵지 않게 나올 수 있었다. 그 논리는 어느 누구에게든 치명적일 정도로 매력적인 유인이었다.

다음으로, 최고 지도자요 최종 결정권자이던 김원봉 개인의 문제이다. 우선 중공 측의 유인·설득 공작이 그의 개인비서 사마로司馬璐를 통해서든 다른 누구를 통해서든 있었을 수 있다고 본다. 하지만 그렇더라도, 그것만으로는 그다지 큰 효력이 없었을 것이다. 당연히 약산은 대내 유력 간부나 측근 동지들과 상의해보았을 것이고, 그들의 말에 귀 기울여봤을 것이다.

그런데 석정과 박효삼이 화북행에 찬동하고 강력히 주장하고 건의도 했다면, 그의 마음이 많이 흔들렸을 것이다. 두 사람 다 약산의 최측근이고 가장 신뢰받는 동지들이었으니 말이다. 그래서 약산은 두 사람의 판단과 주장을 존중하여 받아들일 수 있었을 것이고, 최종 기착지 문제에 관해서도 달리 의심할 것 없이 두 사람에게 그냥 맡기려 했을 것이다.

그러면 약산 자신은 별 생각도 판단도 없이, 측근이든 대원들이든 그저 남의 얘기만 듣고서 마음이 쉽게 움직였다는 말인가?

그렇지는 않았으리라고 본다. 그보다는 오히려 그의 내심의 어떤 포부와 욕심이 '모험'의 결정적인 이유로 작용했을지도 모른다는 생각을 해볼 수 있다. 민혁당 창당 이래 적어도 해방 때까지 그가 취했던 입장과 지론과 행보들을 종합해서 본다면 그렇다.

1940년 당시의 중경 임시정부에 국한해서든 해외 독립운동 진영의 전체 판도 속에서든, 아니면 종전과 귀국 후의 상황까지도 전망해 보면서든, 자신의 정치적 영향력을 최대한 넓히고 유지하고픈 욕망, 바로 그것이다. 그러기 위해서는 대량의 당원과 군중을 포섭하고 끌어안고 있어야 함이 당연했고, '아무렴, 그래야지'라는 포석이 그의 머리 속에 늘 있었을 것이다. 이 점은 중국국민당 관계자들도 적실하게 간파하고 있었다.

그렇다면 화북행 문제의 실질적 관건은 의용대 운명의 최종 결정권을 갖고 있었다고 할 존재인 김약산의 웅대한 정치적 욕망, 그것에서 찾을 수도 있는 것이었다.

그러면 최종 행선지도 처음부터 팔로군 지역으로 정해져 있었던 것일까? 만일 그렇다면, 어느 범위의 사람들까지 미리 알고 있었던 것일까?

이 문제는 지금 여기서 확정적으로 대답하기 어렵다. 그럴 수 있을 만한 근거가 아직은 부족하다. 다음 절에서 실제의 북상 경로와 과정이 어떠했는지를 살펴보면서 찬찬히 생각해보기로 한다.

여하튼 '북상항일' 방침을 확정짓고 나서 총대부는 중경과 여러 전구로 분산 주둔하고 있는 예하 지대와 독립분대들에 대해 하남성 낙양으로 집결토록 지령하였다. 그리하여 호남성 북부의 1지대와 하남성의 독립분대는 직행하여, 3지대도 중경에서 곧바로 엽홍덕葉鴻德(=이덕상李德相)의 독립분대는 광서성에서 중경을 거쳐, 김창만이 거느리는 유동선전대는 서안으로부터, 모두 낙양행의 노정을 부지런히 밟게 되었다. 2지대는 낙양에서 그리 멀지 않은 노하구에 주둔하고 있었으니, 천천히 준비하고 적기에 이동하면 되었다.

이와 더불어 의용대는 국민정부 군사위원회 정치부에 '북상항일'을 정식 건의하고 승인을 요청하였다. 처음에는 수원성綏遠省 오원五原의 동삼성정진군사령관 마점산馬占山 부대로 가서 합류할 것을 건의했는데, 무슨 이유인지는 모르나 거부되었다. 그럼에도 의용대가 거듭거듭 요구하고 건의하자, 군사위 당국도 결국은 좀 물러서서, 황하 너머의 방병훈龐炳勳 부대로 가서 배속될 것을 지령하였다. 그리고 화북전선으로 가기 위한 통행증과 낙양의 제1전구 장관사령부에 보내는 소개장을 발급해주었다. 이는 의용대의 북상과 황하 도강이 누가 보든 이유 있고 근거도 주어진 것이 되게끔 해주었다.

황하를 건너 태항산 항일근거지로 들어가다

중경에서 조선의용대의 북상 대오가 길을 떠난 때는 1941년 1월 초였다. 총대부의 몇몇 요원과 3지대원 합하여 40여 명이 민생호에 승선하여 조천문朝天門 부두를 출발한 것이다. 전날 밤 중국 군사위원회 관계자들과 애국인사들이 베풀어준 성대한 환송연도 받고서였다. 승선 대열에는 북상 대원의 여성 반려들인 장수연(양민산의 부인), 이수영李秀英(박효삼의 중국인 부인), 권혁權赫(이광李光의 일본인 부인), 윤복구尹卜駒(문명철의 중국인 애인)도 동행하였다.

중경을 떠나기에 앞서 석정은 "금년에 화북 근거지를 건설하고, 명년에는 동북 근거지를 건립할 것이며, 내명년에는 조국으로 진입하겠다"는 결의를 약산 등 총대부 간부진 앞에서 공언하였다. 또한 출발 전에 석정은 박효삼·김세일·양민산 3인과 더불어 조선민족혁명당 화북특파원으로 임명 받았다. 아내 하소악과는 "승리의 그날, 해방의 그날에 다시 만나자"는 굳은 언약으로 작별 인사를 대하였다.

장강을 타고 동으로 내려가던 대원들이 사천성 만현萬縣에 이르러 상륙하자, 민혁당원 개업의인 최성오崔省吾와 최석순의 아우인 최석용崔錫湧이 달려와 환영하고, 잠자리와 주식酒食을 아낌없이 제공하였다. 그 정성을 고맙게 받아들인 석정이 금주령을 일시 해제하니, 즉석 노래경연까지 벌어졌다. 석정도 나운규羅雲奎가 만든 영화 「아리랑」의 변사辯士가되어서 그럴 듯한 해설을 한참 하여 만장의 박수를 받았다. 대원 전원이 최성오가 자진하여 베푼 흉부 엑스선 검사 서비스와 결과 판독까지 받은 후 1월 3일에 출선하였다.

장강삼협으로 들어선 항행 대오는 봉절현奉節縣에서 1박하고, 구당협瞿塘峽과 무협巫峽을 통과하였다. 일본군이 의창宜昌을 점령하고 있어서 그리로 가지 못하고, 자귀秭歸에서 하선하였다. 험한 산길로 들어서서 간고艱苦한 행군이 시작되었고, 흥산興山의 한 촌락에서 1박하였다. 「최후의 결전」 노래를 고창하며 진자령榛子嶺을 넘은 대원들은 율곡栗谷을 지나고 한수漢水를 건너 노하구에 당도하였고, 2지대의 환영을 받으며 1박

박효삼

이춘암

하였다. 행군 중 적기가 나타나 기총소사를 퍼붓는가하면 환남사변皖南事變 발발이라는 불안한 정세도 의식되니, 화북으로 가는 길은 멀게만 느껴졌다.

행군 대오가 호북성을 벗어나 하남성에 들어서고 이천伊川을 지나 낙양에 도착하니, 중경을 출발한지 한 달 여, 1천 리를 넘는 노정이었다. 지대장 박효삼이 황포군교 동창생인 제1전구 사령장관 위립황을 찾아가서, 도하중과 제24집단군 총사령 겸 하북성河北省 주석인 방병훈에게 내보일 소개장(통행증) 발급을 교섭하고 청하였다. 그러나 위립황은 선뜻 내주지를 않고, 이 핑계 저 핑계로 미루었다.

그렇게 지체되는 사이에 부대원들은 낙양 밖 5km 지점의 황하변 마을에 주둔하고 있었고, 1지대가 도착하는 것을 기다려 부대 재편을 했다. 중경 출발 전에 김원봉이 주었던 지침대로, 1지대와 3지대를 합쳐서 혼성지대로 만들고 지휘부를 단일화했다. 대장 박효삼, 정치위원 석정, 부대장 이춘암과 김세일이었다. 네 명 모두 김원봉의 신임이 돈독한 민혁당원들이었다.

대기 기간이 길어지면서 석정은 정치위원으로서 부대 정치훈련을 주관하여 실시하였다. 대원들에게 정세분석 보고를 하고, 역사유물론과 정치경제학, 문학예술에 관해 강의한 다음 학습토론을 시켰다. 문학작품 현상모집을 하여, 선정된 작품을 갖고 낭독-강평회도 열었다.

도하증과 소개장은 2개월을 기다려 3월 중순이 되어서야 나왔다. 그래도 그것이 발급된 데는 전구 장관사령부에 근무하고 있으면서 은밀히 팔로군 낙양판사처의 지령을 받고 있던 제2지대 제2분대장 문정일의 역할이 컸다.

3월 중순 어느 날, 맹진孟津나루(현재의 황하대교 옆)에서 혼성지대 대원들이 10명 1조로 목선을 타고 황하를 건넜다. 김학무가 데리고 올라온 10명 대원도 얼마 후 뒤따라 도하했다. 늦게 도착한 독립분대와 2지대 원들은 6월에 세 번째로 강을 건넜다. 마지막으로 가을에 한빈 등 일행이 문정일의 인솔 하에 도하하였다.

모든 정황을 종합하여 추측해 보건대, 황하 도하 이후의 최종 행선지 즉 작전구역은 낙양에서 3지대와 1지대가 합류했을 때 내부토론을 거쳐 결의되는 모양새로 확정된 것 같다. 표면적으로는 그때 가서의 '결정'이지만, 상당수 간부진과 대원들에게는 '태항산행'이 이미 '예정' 또는 짐작되는 행로였을 것이다. '태항산행'이란 산서·하북 양성에 걸쳐 있는 태항산지구 즉 팔로군 작전지구로 들어감을 의미했다. 화북으로 간다니까 환호하며 막연한 기대 속에 같이 북상해 온 일반 대원들도 대부분 이의 없이 이후의 행로를 받아들인 듯하다.

다만 황민(=김승곤金勝坤) 등 몇 대원은 태항산행이 비로소 결정된 듯이 공표되자 더 이상의 북행을 완강히 거부하고 낙양 주둔지 병영을 몰래 빠져나가, 서안을 거쳐서 중경으로 되돌아갔다. 약산은 그들의 보고

동욕진 전경

를 통해 낙양의 상황과 북진대오의 내부 분위기를 상세히 감지할 수 있었을 것이다.

북상부대 중 가장 먼저 황하를 건넌 1·3 혼성지대원들은 일단 방병훈 부대의 사령부가 있는 하남성 북단의 임현을 목표로 산등성이를 몇 개나 넘으며 야간행군하였다. 소금도 없이 콩나물, 숙주나물, 옥수수 등을 삶아먹으면서였다. 임현에 들어가서는 합간合澗 근처 시골마을에 숙영지를 정하고 본부를 설치한 후, 두 달 동안 하남·하북 양성 경계선 일대의 지리를 익히면서 방병훈부대와 합작으로 일본군 상대의 유격선전공작에 나섰다.

그러는 사이 석정과 박효삼이 팔로군 전방총사령부로 연락원 왕극강

태항 주맥의 높은 봉우리들

王克强(=김창규金昌奎)을 보냈고, 그가 귀환하면서 대동하고 온 주운룡周雲龍 (=이극李克)이 팔로군의 지령을 전달해주었다. 그 지령대로 2지대가 황하 를 안전하게 건너와서 다시 합쳐질 때까지, 두 달 동안 더 방병훈 부대 와 협력하여 항일활동을 전개하였다. 그러다 2지대가 마침내 임현에 들 어오자 의용대원 80여 명 전원은 방병훈 부대 구역을 몰래 벗어나 태항 산 항일근거지로 서둘러 들어갔다.

7월 초의 어느 날 새벽 동틀 무렵에 석정 외 의용대원들은 임현에서 청장하清漳河 하류를 건너 하북성 서남단의 섭현涉縣 서달진西達鎭에 당도 하였다. 팔로군(정식 명칭은 국민혁명군 제18집단군) 129사師 휘하 385여旅 의 주둔지였다. 129사 사장 유백승劉伯承과 정치위원 등소평鄧小平이 보낸 환영 사절이 나와서 맞았고, 385여장 진석련陳錫聯도 진심 어린 환영사 를 해주었다. 대원들은「밀양 아리랑」노래를 신나게 불러 화답했다. 팔 로군 병사 100여 명도 모자를 흔들며 반가움을 표했다.

의용대원들은 거기서부터 안내를 받으며 청장하 동편 길을 따라 서

북쪽으로 50km쯤 행군 이동하였고, 드디어 주둔지가 될 산서성 요현遼縣(현재는 좌권현左權縣) 동욕진桐峪鎭의 상무촌上武村에 안착하였다. 진기예변구晉冀豫邊區 정부가 있는 동욕 광장에서 환영대회가 열렸는데, 팔로군 부총사령 겸 전방총사령부 사령 팽덕회彭德懷와 정치위원 나서경羅瑞卿이 나와서 맞아주었다. 그리고 의용대원들에게 소총이 무기로 지급되었다.

며칠 지내면서 석정이 듣고 살펴보니, 태항산은 산서고원과 하북평원 사이에 250km 폭으로 자리하고 있으면서 동북에서 서남방으로 600km를 길게 뻗어 산서·하남 경계인 황하 연안에 이르는 거대 바위산이었다. 산맥처럼 고봉을 다수 거느리면서 웅장한 산세를 자랑하고, 서쪽은 완만한데 동쪽은 가파르며 골짜기가 많다 했다. 주둔지 옆 청장하 주변만 보더라도 산은 높고 골은 깊어서, 풍경이 아름답기가 그림 같았다.

화북전선에서의 석정과 조선의용대의 분투

7·7사변 4주년 되던 날인 7월 7일, 조선의용대의 북상 병력을 모두 합쳐 화북지대로 재편하였다. 지대 본부는 대장 박효삼, 부대장 이익성, 정치지도원 김학무로 지휘부를 구성하였고, 예하 3개 대와 그 아래 2개 분대씩 6개 분대를 편제해 갔다. 그리고 8월까지의 약 40일간 대토론을 통하여, 무장선전, 간부양성, 적구조직을 3대 활동방침으로 확정지었다. 본부 건물은 상무촌의 큰 절 홍복사洪福寺를 제공받아 썼는데, 석정도 여기서 숙식하며 지냈다.

상무촌의 홍복사 옛터

1941년 8월에 조선의용대 간부훈련반이 상무촌에 개설되었다. 화북조선청년학교로도 일컬어졌던 이 학교의 주임·교장은 박효삼, 부주임·부교장은 진광화陳光華(=김창화金昌華)였고, 석정은 최창익, 김학무와 함께 정치교관을 수임하였다. 그리고 그때부터 2개월 동안 신입대원 30여 명을 교육시켜서 하급간부 겸 무장선전 공작 요원으로 양성하였다.

석정은 10시간의 '조선문제' 과목 강의를 통해 조선의 사회경제 분석, 조선혁명의 동력, 조선혁명의 앞길을 교육하였다. 등사한 강의요지를 배포하여 강의하고, 이 요지와 강의내용에 근거하여 학생들이 토론하도록 했다. 다른 교관과 달리 예정 진도를 다 끝내서, 석정은 유능한 교관이라는 평판을 얻었다. 그 1년 후 1942년 11월에 간부훈련반은 섭현 중원촌中原村의 화북조선청년혁명학교(교장 무정武亭)로 확대 개편되었다.

화북지대의 제1·2·3대는 팔로군 태항군구의 제1·5·6군분구軍分區에 각각 작전 배속되어, 평한철도(북평-무한) 연선의 석가장石家莊에서 한단邯鄲 사이 적후지역으로 나가서 무장선전 활동을 전개하였다. 대원들은 마을 주민들을 모아놓고 좌담회, 연환회演歡會, 군중집회를 열어서 항일의지를 고취하거나 반일 구호를 벽서壁書하고 삐라를 배포하는 방식의 선전공작을 주로 실행하였다. 야간에는 일본군 진지 50m쯤 앞까지 접근해서, 양철통 나발을 입에 대고 유창한 일본말로 고함쳐 대화하였다. 일제의 그동안 죄행을 폭로하고 범죄적 전쟁을 그만둘 것을 권고하여 병사들의 전의를 꺾어버릴 목적으로였다.

화북지대 편성과 더불어 화북조선청년연합회(이하 '조청') 진기예변구 지회가 결성되었다. '진기예'란 각각 산서, 하북, 하남성의 약칭인데, 말이 '지회'이지 실은 '총부總部'로 일컬어질 만큼 조청의 중심이었고, 실상은 조선의용대 지회이기도 했다. 광동 중산대학을 졸업하고 중공당원이 되어서 항일공작을 벌이다 연안을 거쳐 태항산지구로 먼저 와 있던 진광화가 회장, 석정이 부회장으로 지명 선임되었다. 진광화는 온화한 태도와 도량 넓은 인품의 겸손한 리더십으로 존경 받는 젊은 지도자였다.

그런데 양자의 관계에는 좀 미묘한 부분이 있었다. 진광화가 중공당과 팔로군 전방총사령부의 입장과 그 권위를 대리하면서 지회원 전체를 통솔해 가야 했다면, 석정은 북상한 의용대원들을 대표하면서 중경의 총대부와 김약산을 대리해야 하는 입장이었다.

하지만 균형추는 결국 기울어질 수밖에 없었고, 화북지대는 조청의 정치적 지도를 받는 관계로 되어갔다. 단위부대의 대장과 정치지도원 관계와 비슷하였다. 그럴수록 화북지대는 중경의 총대부와 관계가 점점 더 멀어지고 이윽고 단절되어서 따로 움직이는 것처럼 될 수밖에 없는 환경이었다.

의용대 내에서 석정의 위치도 상당히 애매모호해졌다. 낙양에서부터 1·3 혼성지대의 정치위원으로 태항산에 들어왔던 석정은 화북지대로 개편되고부터는 공식 직책을 갖고 있지 않았다. 지대 정치지도원 직은 중공당원이고 연안 쪽 및 팔로군 정치부와 밀접한 관계이던 김학무에게 돌아갔다.

그 대신 석정에게 맡겨진 것이 그로서는 생소하고 거리감도 다소 느껴질 법한 현지 청년조직의 15세 연하 회장 아래 부회장 직이었다. 북상 의용대원들에 의해 "제일 신임하는 영도자로 옹대擁戴"받는 그가 대원들에게 계속해서 미칠지 모를 영향력을 이제 누군가가 차단해서 감축시키려는 기미가 강하게 느껴지는 대목이었다.

하지만 석정의 성품으로는 거기에 대해 가타부타 어떤 반응도 내색할 리 없는 것이었다. 그 대신에 그는 의용대 북상의 큰 이유이자 명분이었고 현재도 화북지대의 3대 활동방침 중 하나로 되어 있는 적후공작의 기획과 요원 지도에 주력한 것 같다. 그러나 이 부분에 관해서는 석정이 화북에서 적후공작의 책임자가 되어 '양년래兩年來(1941~1942년)' '거대한 수확'을 거두었다는 약산의 서술「석정동지 약사」말고는 여하한 정보도 자료도 얻지 못하였다. 따라서 현재로는 구체적인 내용이 전혀 파악되지 않는다.

다만 1941년 11월부터 이듬해 3월까지 약 5개월간 화북지대가 제2차 무장선전 활동을 집중적으로 수행하고 있던 동안에 조선인 대상의 적구공작도 시도되었다는 기록이 있다. 이 공작은 조청 계통을 통해 실시되는 것이어서, 조청 각 지회의 간부들에게 맡겨진 임무 중 하나가 적구 내 조선동포 조사·조직 활동이었다.

조청의 적구공작 책임자는 윤공흠이었고, 그가 적구공작위원회를 조직하여 공작계획과 진행을 전담하였다 한다. 조선혁명간부학교 시절의 사제 관계이던 석정과 윤공흠이 이 공작 실제에서도 어떤 관계를 맺었을 것 같은데, 유감스럽게도 그 내용 역시 확인할 수가 없다.

아무튼 1941년 가을쯤부터 1942년 초에 걸쳐 도합 20여 명의 화북지대원들이 북경, 하북성 석문石門(=석가장), 하남성 창덕彰德, 호북성 종상현鍾祥縣, 산동성 청도靑島 등 각 방면으로 분산 밀파되어 은밀히 활동하기 시작했다. 이 사실을 파악한 일제 당국은 규모를 실제 이상으로 크게 추정함으로써 그 우려 정도를 부지불식간에 드러내보였다.

1941년 10월에 석문지구로 밀파되어 암행활동 중이던 대원 마덕산(=이원대李元大)과 김석계金石溪는 불행히도 1942년 5월 초에 일본군 헌병대에 검거되고 말았다. 북경의 일본군사법정에 세워진 두 사람은 사형을 언도받고, 1943년 6월 17일에 총살 처형되었다. 그때 마덕산은 눈가리개를 거부하고 부릅뜬 두 눈으로 사수들을 노려보면서 영웅적 최후를 맞았다. 이 장면을 목격한 조선인 통역 곽동수郭東洙가 큰 충격을 받고, 얼마 후 일본군 부대를 탈출하여 조선의용군으로 넘어왔다.

화북지대의 적구공작은 일제 당국의 우려만큼 그렇게 강력히 전개

된 것은 아니었다. 1942년 7월의 조청 제2차 대
표대회에서는 전년도 가을부터 전개된 적구조직
공작이 무계획적이고 자유방임적으로 전개되었
다는 비판도 나왔다. 그럼에도 이 시기의 적구공
작 경험은 일제패망 직전인 1944~1945년 시기
에 조선의용군 화북지대가 규모와 조직성과 체
계성을 더 갖추고서 본격적인 적구공작을 전개
하여 큰 효과를 내게 하는 데 밑거름이 되어준
것이었다.

마덕산(이원대) 열사

화북지대는 무모하게 선공先攻하지는 않았지
만 대적전투의 경험도 일찍부터 갖게 되었다. 1941년 12월, 무장선전
활동 중이던 제2대가 일본군의 기습 포위공격을 받아 격전을 벌였으니,
이 전투가 그 유명한 호가장胡家庄전투이다.

석가장 남쪽의 찬황贊皇·장대莊代·임성臨城 3현이 활동구역이던 제2대
의 2개 분대 23명 대원은 1941년 11월 20일경 대장 김세광 인솔 하에
동욕진을 떠나 200km 밖의 평원유격구인 원씨현元氏縣으로 출동했다.
거기서 20여 일간 활동하고 대원 19명이 서남방의 찬황현으로 이동해
가던 도중, 12월 11일 호가장 옆 선옹채仙翁寨에서 하룻밤 숙영하였다.

호가장에는 '왕정위汪精衛 부대'로도 별칭되는 괴뢰 황협군皇協軍 가족
5세대가 살고 있었는데, 그 중 누군가가(촌장이라고도 한다) 4km 밖의 일
본 군영으로 달려가서 의용대의 동정을 밀고했다. 그러자 일본군과 황
협군 각 1개 중대 200여 명 병력이 12일 새벽, 동트기도 전에 마을을

호가장 마을의 현재 모습

3면으로 포위해 들어왔다. 그 기미를 뒤늦게야 알아챈 제2대는 북쪽의
용팔채龍八寨로 급히 철수 퇴각하였다.

　그 과정에 맨 후위 엄호를 맡았던 제2분대장 손일봉孫一峯과 대원 박
철동朴喆東, 최철호崔鐵鎬(=한청도韓淸道)가 추격해온 일본군에 맞서 용감히
싸우다 희생되고 말았다. 손일봉과 최철호는 몇 걸음 앞의 적군 무리를
향해 몸을 날리고 일부러 부딪쳐가며 수류탄을 터뜨려 같이 폭사했다.
박철동은 달려드는 적병들에게 가슴을 내밀고 외치며 당당히 총검에 찔
려 죽었다. 최연소 대원 왕현순王現淳(=이정순李正淳)도 날아온 적탄을 맞고
쓰러져 숨을 거두었다. 이들의 시신은 마을사람들이 수습하여 가매장

했고, 이듬해 봄에 동지 대원들이 태항군구 제1군분구 사령부 소재지인 찬황현 황북평촌黃北坪村으로 유해를 이장하여 묘를 만들었다.

그밖에 김세광 대장이 총상을 입어 왼팔을 잃었고, 제1분대장 조열광趙烈光과 대원 장예신張禮信도 부상을 입었다. 김학철은 다리에 적탄을 맞고 쓰러져 피포되고 말았다. 일본군도 5~6명의 전사자를 낸 것으로 관측되었다.

그날 사라져 안보이던 대원 유빈劉斌(=신용순申容純)이 일본군 통역원이 되었음을 김학철이 석가장의 일본군 헌병대 유치장에 수감되어 있을 때 일순 맞닥뜨려 알게 되었다. 이 사실을 그는 헌병대 피수자被囚者로 우연히 마주친 마덕산에게 일러주면서 응징을 부탁하였다. 하지만 마덕산은 그 얼마 후 총살형 집행으로 순국하고 말았다. 그와 동지 김석계가 돌연 피검된 것도 배신자 유빈의 밀고 때문이었을 것으로 추리된다.

호가장전투는 조선의용대가 북상 후 치른 최초의 대적전투였고, 가장 치열한 혈전의 하나였다. 죽음을 무릅쓰고 마지막 순간까지 용감하게 응전한 대원들의 행동과 정신은 누가 들어도 가슴 떨리는 감동을 주었다.

안 그래도 멀리 적구로 공작 나가는 대원들의 안위가 늘 염려되던 석정은 고개를 떨어뜨린 채 귀대한 제2대 대원들의 비보를 전해 듣고 깜짝 놀랐다. 너무 큰 손실이고, 가슴 아픈 희생이었다. 전사한 대원들의 얼굴이 한 사람씩 눈앞을 스쳐가면서 각자에 얽힌 인연과 추억이 떠올랐다.

손일봉 분대장은 낙양군관학교를 나오고도 광동의 군관학교를 또 들

황북평촌의 조선의용대원 4열사 묘역

어가서 기어코 중국군 장교가 되더니, 포병 중대장을 지내고는 1년 전 낙양에서 의용대에 찾아들어온 믿음직한 쾌남아였다. 박철동은 항일 의지가 얼마나 강한지, 낙양군교를 졸업하고 남화南華한인청년연맹원으로 활동하다 일경에 피체되어 3년형을 받고 큐슈九州감옥에서 복역하고 나온 후 다시 의용대를 찾아와 입대한 불굴의 투사였다. 최철호는 성자분교 특훈반 6기 제자였는데, 늘 웃음 띤 얼굴에 가두선전과 연극에 장기를 보이는 사랑스런 청년이었다. 태항산에 들어가겠다고 서안 통신처 주임 직을 내버리고 온 그의 용기가 아까워 그만 눈시울이 뜨거워졌다.

왕현순은 이영준 동지의 막내 동생인데, 조선혁명간부학교를 3기로 졸업했고 특훈반 6기의 제자였다. 지독한 책벌레이면서 생활태도가 반듯하고 책임감이 투철한 청총靑聰 인재였는데, 졸지에 그를 잃어버리다니 마음이 허해졌다. 몇 해 전 상해에서 같이 공작했던 인연으로 입당해서도 늘 쫓아다니며 물어보는 게 많고 씩씩하기 그지없던 김학철 대원도 적탄을 맞고 쓰러졌는데 끝내 나타나지 않았다 한다. 그럼 그도 전사한 것인가, 혹시 포로가 되고 만 것인가, 이만저만 걱정되는 게 아니었다.

8·15 해방 후 귀국한 김학철

아무튼 그들은 용감히 싸우면서 다들 제 몫을 하고 조금 먼저 세상을 떠난 영령이 된 것이다. 남은 대원들도 그들 못지않게 감투하여 기어코 일제를 패망시키고 조국광복의 큰 선물을 영전에 바쳐 올리마고 석정은 마음속으로 다짐하고 또 다짐했다.

1941년 12월 26일에도 석가장 남쪽 형대邢台('형태'로도 읽음) 부근에서 큰 대적전투가 있었다 한다. 이 전투에 대해서는 1942년 2월 19일자 『신화일보(중경판)』의 「화북통신」 난에, "적에게 커다란 타격을 입히고 많은 전리품을 획득한" 혈전으로 보도되었다. 동시에 '영용한 희생자'로 손일봉, 주동욱朱東旭, 최철호, 왕현순 4인이 거명되었다.

그런데 이 기사는 호가장전투 전사자들을 이 전투의 희생자로 잘못 보도한 것인데다, 엄연히 살아있는 대원 주동욱을 전사자 박철동으로 오인하여 오기까지 한 것이었다. 한자 표기 朴喆東이 어쩌다 朱喆東으로 오기되었고, 朱喆東은 다시 보고·확인 과정에서 朱東旭의 오기인 것으로 섣불리 판단되는 착오가 범해져서, 결국 朱東旭으로 낙착·고정되어버린 것이 아닌가 한다.

형대전투의 실체와 상황은 아직 정확히 구명되지 못하였다. 이 전투를 형대·사하沙河·무안武安 3현을 담당했던 화북지대 제3대가 무장선전활동 중에 일본군 40여 명, 황협군 10여 명, 편의대 10여 명의 합세 기습에 맞서 싸워서 결국은 격퇴해낸 읍성전투邑城戰鬪와 같은 것으로 보려는 견해가 있다. 조선의용대의 1941년 전투기록으로 비교적 상세히 내용이 전해지는 것이 호가장전투와 이 전투뿐인 점에서 그럴 수 있겠다.

읍성전투에서 화북지대 제3대가 입은 손실은 경상자 1명뿐이었다지만, 전과도 앞의 『신화일보』 보도만큼 큰 것은 결코 아니었다. 또 '읍성'이 어디인지가 현재의 상세지도에도 고유 지명으로 표기되어 나와 있지 않아서 확인이 되지 않는다. 그래서인지 어떤 이들은 '형대전투'를 1941년 12월에 형대 부근에서 있었던 수차의 대일전투를 중국 측에서 구분 없이 개괄한 호칭이었을 것으로 보기도 한다.

아무튼 이 보도를 보고서야 총대부는 북상한 의용대가 화북전장에서 사상자를 냈다는 사실을 비로소 알게 되었다. 부랴부랴 '형대전투(형대지역邢台之役) 희생열사 추도식'을 16개 국제단체와 연합으로 조직하여 2월 27일에 거행하였고, 이정호 기명의 추도문도 급히 만들어 3월 1일자 발행의 제41기 표지 뒷면에 실었다.

이어서 4월 1일자의 『조선의용대』 제42기를 '조선의용대 전방진망前方陣亡 동지 추도 전간專刊호'로 꾸미며, 전사동지 4인의 사진과 김약산

외 여러 총대부 요원들의 추도문과 약력소개문을 실었다. 그러나 이때도 전사 장소 및 날짜와 전사자 1명의 이름은 완전히 잘못 인지된 상태에서였다. 순전히 앞의 오보 때문이었고, 그래서 현재까지도 형대전투와 호가장전투가 자꾸만 혼동되고 착오도 범해지는 것이다.

북상 개시 후 1년도 안되던 시점에 화북지대와 총대부 사이의 통신연락은 이처럼 원활하지 못하거나 두절되어가는 상태였다. 그 이유는 환남사변 이후로 중경과 태항산 사이의 거리만큼이나 멀리 벌어져버린 국민당과 공산당 관계에서, 그리고 그런 상태에서 조선의용대 실병력의 80% 정도가 기만적인 방법으로 공산당 팔로군구역으로 도주하듯 들어가 종적을 감춰버렸다고 인지·판단한 국민정부 군사위원회의 엄중한 감시·단속 조치에서 찾아야 할 것 같다.

호가장전투와 형대전투가 있은 후 화북지대 본부는 안전 강화를 위하여 상무촌 북쪽의 여성현黎城縣 황애동진黃崖洞鎭 간후촌看後村으로 옮겨졌고, 얼마 후 1942년 2월에 요현 마전진麻田鎭 서남단의 바위산 옆 협곡지점인 운두저촌雲頭底村으로 다시 이전했다. 물론 석정도 같이 따라 움직였다.

그 해 겨울, 태항산은 몹시 추웠고, 먹거리도 태부족이었다. 쌀은 물론이고 채소도 소금도 없이, 옥수수로만 연명했다. 얼어 죽을 각오, 굶어죽을 각오, 적탄에 맞아 죽을 각오의 3대 각오를 단단히 해놓고 지내자 했다. 다만 '우리는 왜 여기에 와있는가'라는 자부심 하나로 꿋꿋이 버티어낼 뿐이었다.

1941년 2월, 일본군 북지방면군 사령관으로 부임한 오카무라岡村寧次는 화북 경내의 공산당과 팔로군을 4개월 내로 모조리 소멸시키라는 명령을 휘하부대들에 내렸다. 이에 화북의 항일근거지에 대한 일본군과 황협군의 공격이 거세어졌다. 1942년까지 2년 동안 투입한 병력 규모와 작전 회수가 1천~1만 명 수준 132회, 1만~7만 명 수준 27회였고, 한 지구에 3~4개월 동안 반복해서 '소탕작전'을 펴기도 했다. 이에 맞서 팔로군도 '반소탕전'을 끈질기게 전개했다.

1년 후 1942년 2월에 일본군이 4만여 병력을 동원하여 재개한 '춘기 소탕전'은 3월 30일로 일단락되었고, 다시 5월 초에 20개 사단, 40만 명을 동원한 '5월 소탕전'이 재개되었다. 전차와 항공기까지 동원하여 태항산 항일근거지를 완전히 격멸하려는 최대 규모의 작전이었다. 5월 중순을 넘어 하순으로 접어들면서 일본군의 포위망은 점점 압축되어, 팔로군 전선총지휘부(이하 '총부')와 의용대 지휘부가 있던 마전장麻田庄 일대까지 적의 포격 사정권 내로 들어갔다.

5월 24일, 일본군 제36사단, 제26사단 일부와 제3독립혼성여단의 3만여 병력이 항일근거지의 북쪽으로부터 진입하여 동욕을 먼저 점령하고, 남쪽의 팔로군 총부를 3면으로 포위 협공하기 시작했다. 이에 팔로군 총부에서는 전투원 및 비전투원 전체가 포위망을 벗어나도록 총부를 따라 이동하라는 긴급명령을 내렸다.

이동 대오는 총부 정치부 주임 나서경이 인솔하는 2개 소대의 경위대가 앞장서고, 그 뒤를 정치부·후방근무부·위생부 등의 지원부서와 중공 북방국 간부진, 변구 당학교 및 노신예술학교의 교직원과 학생, 신화일보 기자와 직원들, 문화공작단 배우들 등, 수천 명의 비전투원들이 따라갔다.

좌권 장군

운두저촌에 주둔하고 있던 화북지대 100여 명 전투원과 정치공작 요원, 후방사업 요원, 여성 대원들 및 가족 등, 40여 명의 비전투원들도 모두 집결하여, 이동 대오의 뒤쪽에서 청장하를 건너고 마전을 지나 급행군을 시작하였다. 화북지대의 장비는 장총 20여 정, 경기관총 1대, 몇 자루 권총과 몇 발의 수류탄이 전부였다. 동쪽으로 이동 중인 이 대오를 발견한 일본군은 2천여 명의 자체 병력과 황협군으로 포위망을 좁히며 추격해왔다.

5월 25일 정오경, 밤새워 행군한 경위부대와 의용대 전투원들이 하북성 섭현 편성진偏城鎭의 요문구窯門口 골짜기로 들어섰고, 팔로군 부총사령 팽덕회와 부총참모장 좌권左權이 거느린 총부 후방위원들은 서편 북애포北艾鋪에 집결해 있을 때였다. 서남쪽 산머리에서 3천여 명의 적군이 기관총과 박격포를 쏘아대고, 공중에서는 2대의 적기가 폭탄 투하와 기총소사로 협공하여 일대를 불바다로 만들어갔다. 수많은 비전투원들이 몰살될 수도 있는 위급 상황이었다.

이에 박효삼 지대장이 나서경을 찾아가, 조선의용대도 대적전투에 동참하여 팔로군과 생사를 같이하겠다는 의사를 강력히 표했고, 나서경

문명철

이 그 뜻을 받아들였다. 두 사람은 다 합해야 200명밖에 안 되는 병력이지만 둘로 나누어 대응키로 결정했다. 팔로군 경위부대는 서쪽에서, 조선의용대는 동쪽에서 각각 고지를 점령하여 적을 막고 이동 대오를 엄호키로 한 것이다.

의용대는 두 패로 나뉘어 동쪽 산마루로 달려갔고, 박효삼 대장의 지휘에 따라 휴대품도 버리고 빗발치는 탄우를 뚫고 한걸음씩 전진하였다. 드디어 문명철(=김일곤金逸坤)이 경기관총을 들고 산마루로 올라섰고, 명사수의 솜씨로 방아쇠를 당겨 사격을 개시하였다.

불의의 타격에 놀란 일본군은 황급히 화력을 의용대 진지로 집중시켰다. 양쪽 산마루에서 팔로군과 의용대가 필사적인 싸움을 벌이는 상황이 된 것이다. 그렇게 해서 돌파구가 열린 사이로 비전투원들은 가파른 북쪽 산을 기어올라 흑룡동黑龍洞 방향으로 피신하였다. 팽덕회와 나서경도 포위망을 뚫고 탈출할 수 있었다. 다만 좌권 장군이 요현·섭현 접경지점인 십자령十字嶺(현 좌권령) 고가파高伽坡에서 적의 포위망을 돌파하려던 중 날아와 폭발한 포탄 파편이 전신에 박혀 전사하고 말았다.

이 전투에서 의용대는 기관총 한 대와 보총步銃 몇 자루만으로 몇 배 병력의 적과 완강히 맞서 싸웠다. 이 상황을 목격했던 팔로군 대원 당평주唐平鑄는 "조선동지들이 보여준 두려움 모르는 영웅적 기개를 우리는 영원히 잊을 수 없다"고 훗날 회고하였다.

경위부대와 화북지대는 계속해서 진로를 열어갔고, 편성진 흑룡동

근처에서 적과 조우하였지만 결사적 태세로 거듭 포위를 돌파하였다. 그런 중에 전투원들과 갈라진 비전투원들은 물 한 모금, 밥 한 술, 입에 넣어보지 못하여 허기와 갈증에 시달리면서도 연 이틀 밤새워 강행군하였다. 그리하여 5월 27일, 흑룡동 산골짜기와 하청구河青口를 통과하였다. 그래도 적은 계속 추격해왔고, 포위망은 여전히 풀리지 않았다.

이에 나서경은 비전투원 대오 전체가 하나로 움직이면 발견되기 쉽고 희생도 많아질 수 있으니, 부문별로 분산하여 포위망을 뚫고 나가도록 지시하였다. 그때부터 조선의용대의 비전투원 40여 명은 팔로군 총부와 따로 움직여서, 그날 한밤중에 편성진 북동쪽의 화옥산花玉山에 당도하였다.

그곳 산굴에 숨어있는 촌민들에게 물어서 알아보니, 적군이 이 일대 마을을 다 점령하고 낮에는 산굴까지 수색하여 주민들을 학살한다는 것이었다. 더욱 어려워진 상황에서 40여 명 대원들은 희생을 최소화하기 위해 4개 조로 나뉘어 행동하기로 하였다.

여기서 석정은 진광화, 김두봉, 이철중李鐵重, 최채 그리고 이수영, 김기숙金基淑(=김위), 김난영金蘭英(=김영숙金英淑), 김해연金海燕의 여성 4명과 함께 총 9명이 한 조가 되었다. 김두봉은 전년도 9월에 김약산이 화북지대와 함께 활동하도록 중경을 떠나보내서, 당년 4월에 열 살 난 딸 김해연과 함께 태항산에 들어와 있었다. 이 조가 소지한 무기라고는 이철중의 권총 한 자루와 수류탄 몇 개밖에 없었다.

날이 밝아 5월 28일 아침이 되자, 이철중이 김두봉과 여성들을 데리고 깊은 관목림 속에 들어가 은신하고, 석정은 진광화, 최채와 함께 숲

이철중

가에 숨어서 적정을 살폈다. 그런데 얼마 지나지 않아 건너편 산길에 일본군 100여 명이 나타났고, 망원경으로 관목림을 살피던 장교가 소리를 질렀다. 석정 일행 3명을 발견했다는 뜻이었다.

그 소리를 알아들은 진광화가 말했다.

"우리 셋은 발견되었지만 철중 동지네는 발견되지 않은 것 같으니 이 숲을 뛰쳐나가기요. 우린 숲 속의 동지들을 보호해야 하오."

이 말이 떨어지기가 무섭게 세 사람은 숲에서 뛰쳐나와, 장자령庄子嶺 산비탈을 따라 번개같이 내달렸다. 집중사격의 총알이 빗발치듯 날아왔다.

이때 진광화가 또 소리쳐 제의했다.

"우리 셋이 한 곳을 뛰다가는 다 죽을 수 있소. 최채는 산 위로, 석정은 산 중턱으로, 나는 산 아래로 갈라져 뛰기요."

세 사람은 그 말대로 방향을 나누어 내달렸다. 적의 시선과 화력은 분산되었지만 총격은 계속되었다.

퍼부어진 적탄에 다리를 맞은 진광화는 비틀거리다 벼랑에서 추락해 처참한 모습으로 절명하였다. 석정도 허벅지에 적탄을 맞고 쓰러졌다. 최채만이 다행히도 작은 석굴을 발견하고 뛰어들어 숨어서 총탄을 피할 수 있었다.

일본군이 물러간 후 최채가 석정을 그 석굴로 옮겨 뉘고, 일단 출혈이 멈추도록 응급조치했다. 다음날 5월 29일에는 박효삼이 걱정이 되어서 보낸 분대장 하진동과 함께 우연히 발견한 산속
의 움집으로 석정의 몸을 옮기고 같이 지켰다.

가까이서 총성이 들려오자 석정은 "셋이 함께
있다가는 다 죽을 수도 있다"면서, 두 사람에게 떠
날 것을 엄격한 시선과 어조로 명하였다. 할 수 없
이 움집을 나와 숲과 바위틈에 숨어있던 두 사람은
온 산을 들쑤시던 일본군 수색대가 물러간 후에 움
집으로 가서 석정을 보살폈다. 상처가 썩어가고 있

하진동

었지만, 달리 조치할 방도가 없었다.

다음날도 최채와 하진동은 낮에는 숨어있다가 해가 지면 달려와 석
정을 돌보았다. 그 다음날(6월 1일에 해당) 저녁에도 그렇게 달려오던 두
사람은 깜짝 놀라 그만 주저앉고 말았다. 석정이 움집을 나와 다락밭으
로 내리굴러서 피를 흠뻑 흘리고 쓰러져 있는 것이었다. 고통을 못 이겨
서였을까, 아니면 절절히 보고픈 사람, 사랑하는 가족이 있는 남쪽 방향
으로 조금이라도 가까이 움직여보려다 그리된 것일까.

석정은 그 자리에서 다시 일어나지 못하고 세상을 뜨고 말았다. 아무
런 유언도 남기지 못한 채로였다. 마지막 가는 길의 그의 눈앞에 셋 혹
은 넷, 혹은 더 많은 숫자의 얼굴들이 연이어 떠올랐을 것이다. 아내, 아
들, 약산, 그리고 어머니와 고향의 형님들, 더하여 화북지대 동지들.

통곡도 못하고 눈물만 펑펑 쏟던 최채와 하진동은 겨우 정신을 차렸
다. 그리고 돌덩이처럼 굳은 땅을 열 손가락으로 파헤쳐, 존경하는 스승
의 몸을 오열하며 묻었다.

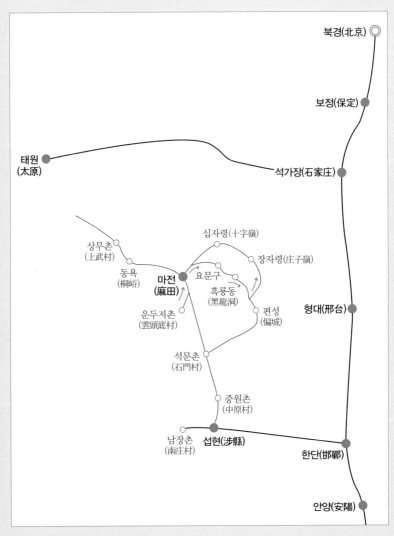

북경(北京)

보정(保定)

태원
(太原)

석가장(石家庄)

상무촌
(上武村)

동욕
(桐峪)

십자령(十字嶺)

장자령(庄子嶺)

마전
(麻田)

요문구

흑룡동
(黑龍洞)

편성
(偏城)

형대(邢台)

운두저촌
(雲頭底村)

석문촌
(石門村)

중원촌
(中原村)

남장촌
(南庄村)

섭현(涉縣)

한단(邯鄲)

안양(安陽)

석정의 순국지 부근 약도

석정의 순국일 문제

석정이 일본군에 피격되기에 이른 상황 배경과 최후 운명殞命의 시간까지 있었던 일들을 앞장에서 좀 길게 서술하였다. 그 현장에서 처음부터 마지막까지 함께 기동하고 지켜도 보았던 최채의 증언성 회고문에 주로 기대어 정리한 것이다. 그러면서 석정의 운명-순국 일자를 저자는 6월 1일로 추정했다. 최채의 글 속에는 순국일이 명기되어 있지 않지만, 그 글 속의 시간 흐름 관련 표현들을 하나하나 챙겨서 살피어 산정해본 걸과였다.

그런데 비문과 호적과 신문기사를 포함한 여러 기록들에 석정의 순국일이 6월 3일로 기재되어 나온다. 각종 기념의례도 거기에 맞추어 치러져 왔고, 2013년 현재도 마찬가지이다. 반면에 일부 논저들에서는 그의 순국일이 6월 2일로 적혀 나오는 경우도 본다.

이것은 어떻게 된 일인가? 6월 3일 또는 2일이라는 기록은 확실한 근거를 갖는 것일까? 그러면 최채의 기억이나 서술에 어떤 착오나 잘못이 있었던 것일까? 아무튼 이 문제를 그냥 넘겨버릴 수 없기에 좀 더 살펴보고, 다른 추리가 가능하다면 그것도 덧붙여보도록 하겠다.

석정의 순국일을 6월 3일로 공표한 최초의 기록은 5월 반소탕전에서 희생된 열사 추도회 개최에 즈음하여 나온 중공중앙 북방국 기관지 『신화일보(화북판)』 1942년 7월 18일자의 석정 약력 소개 기사였다. 거기에 석정이 "6월 3일 흑룡동에서 적과 조우하여 용감히 싸우다 끝내 장렬히 희생되었다"고 적혀있었다.

1943년에 나온 김약산의 글 「석정동지 약사」에서는, 5월 말 장자령 초지에서 적탄에 맞아 부상, 3일 경과 후 발견, 흑룡동 석굴 속 의원으로 옮겼으나 출혈 과다로 구치救治 희망 무無, 이틀 후 석굴 속에서 사망으로 석정의 중탄中彈 후 최후 며칠을 그려놓았다. 화북조선독립동맹華北朝鮮獨立同盟 중경파견원이 된 하진동이 전해주는 상세 전말을 청취한 결과인 것 같다.

그런데 약산 회고문에 서술된 경과나 정황 중에는 최채의 회고문 내용과 좀 다른 부분이 있다. '의원', '석굴 속 사망'도 그렇지만, '3일 경과 후 발견', '이틀 후 사망'은 중요한 상위점이다. 최채의 회고에는 당일 발견, 그 후 4일 만에 사망이었던 것처럼 되어 있기 때문이다.

그러면서도 두 글의 공통점은 날짜를 명기하지 않고 '다음날', '이튿날', '하루 밤을 자고나니'라는 식의 간접화 어법이나 '3일', '이틀' 등의 기간기호를 써서 시제를 두루뭉수리하게 표현한 점이다. 최채의 글에서 날짜가 명기된 것은 5월 27일 단 하루뿐이고, 약산의 글에서도 순국 일자 명기 없이 중탄中彈 후 5일(3일+2일) 경과한 날인 것으로만 적혀있다.

약산의 이 서술을 그대로 받아들이고 5월 28일을 기점 삼아 계산하면, 6월 2일이 순국일이었던 것처럼 나온다. 하지만 정작 민혁당 자신은 중경에서의 순국 1주년 맞이 추도식을 1943년 6월 3일에 거행하였다. 앞서의 『신화일보』 보도를 통해 중공당이 발표한 순국 날짜를 순국 경위 서술의 정확성이나 신뢰도와는 별개 문제로 치고 존중했던 모양이다.

그러면 이러한 상위 혹은 모호함이 빚어진 연유는 무엇일까?

그것은 중공이 좌권의 전사 일자를 실제와 다르게 발효한 일과 연관 깊다고 본다. 좌권의 전사일은 앞장의 상황서술에서 보았다시피 5월 25일이었다. 그런데 당시 중공은 6월 2일인 것처럼 발표하고 그대로 확정지었다. 전투 개시 후 얼마 되지 않은 시점에 고위 지휘관이 전사했다는 사실을 그대로 공표하면 팔로군 장병들의 사기에 문제가 생길 수 있다고 보아서 그랬다 한다.

그런데 석정은 좌권이 전사한 후, 최소 하루 이상 지난 뒤에 피격당하여 사망했음이 엄연한 사실이고, 현장의 많은 사람들이 이미 그렇게 보고 들어 알고 있었다. 그러니 선후를 억지로 바꿔놓기란 중공으로서도 참 난처한 일이었을 것이다. 그래서 좌권의 (공식)전사일은 이후 가장 빠른 날짜가 되는 6월 3일을 석정의 순국일로 결정지었던 것이 아닐까 한다. 그리고 그런 결정 및 발표와 배치되는 내용의 얘기를 최채든 하진동이든 뒤에 가서도 할 수는 없었을 것이다.

최후를 맞기 전 석정은 물 한 모금, 밥 한 술, 입에 넣어보지 못한 채 며칠 동안이나 산중 행군을 강행하면서 체력이 거의 소진되어 있었다. 총상을 입은 후 너무도 목이 말랐지만 물이 없으니 자신의 오줌을 받아 마시기까지 해야 했다. 그런 상태의 석정이 초여름 산중 고온에 상처가 썩어가는데 구호도 요기도 일절 없이 6일간이나 생명을 부지했다 함은 믿기 힘든 이야기이다.

그래서일까. 약산의 글에서 피탄일과 순국일 둘 다 날짜로 명기하지 않은 채 모호하게 처리했고, 최채의 회고문도 꼼꼼히 읽어보면 일자 경과의 서술에서 좀 애매하게 처리해놓은 구석이 보인다. 『신화일보』 기사는 너무 간략한데다 6월 3일 단 하루에 모든 일이 일어난 것처럼 왜곡하여 서술하였다. 그런 점에서 '6월 3일'이나 '6월 2일' 둘 다 진실과는 상당한 거리가 있는 일자 지정이라 아니할 수 없는 것이다. 그렇다고 '6월 1일'이 100% 확실한 순국일이었다고 단정지을 수도 없다. 그것도 실은 좀 불안정한 회고 서술에 의존한 결과일 뿐이다.

상식적인 견지에서는 오히려 5월 30일이나 31일에 운명했을 개연성이 높아 보인다. 하지만 진실이 정확히 밝혀지고 확정되기—그럴 가망이 있겠는가마는—전에는 6월 3일을 그의 순국일·기제일忌祭日로 삼는 것이 합당한 면이 있다 하겠다. 어쨌거나 순국 직후에 날짜를 명기해서 나온 공식기록을 존중한다는 의미에서이다.

추도와 장묘

석정과 진광화가 전사하고 한 달여 후인 1942년 7월 10일, 조청은 섭현 중원촌에서 제2차 대표대회를 열고 화북조선독립동맹(이하 '독립동맹')으로 스스로 개칭·개편함을 결의하였다. 아울러 조선의용대도 조선의용군으로 개칭·개편됨을 결의함과 동시에 '독립동맹의 행동부대'로 그 위상을 규정지었다.

이제 조선의용군은 중경의 민혁당이나 민선과 무관한 새 군대로 등장했다. 그 전신인 조선의용대는 구성원은 남아 있되 실체는 없어진 것처럼 되었다. 독립동맹도 주석은 김두봉이었지만 상징적인 의미였을 뿐이고, 중앙상무위원회가, 그 위원 중에서도 무정과 최창익 2인이 실권·실력자로 등장했다.

그러므로 조선의용대와 조선의용군은 단지 명칭만 달라진 것이 아니라 엄격히 구별되는 존재였던 것으로 볼 필요가 있다. 양자가 각각 연계되어 있던 중국국민당과 중국공산당이 엄연히 다른 존재였듯 말이다.

하지만 그럴지라도 그 역사가 완전히 단절되는 것은 아니었다. 1941년 7월부터 이듬해 7월까지 만 1년 동안 팔로군과 공동항일에 나섰던 조선의용대 화북지대의 존재와 활동이 조선의용대와 조선의용군 사이의 중요한 연결고리 혹은 이음새가 되어준 것이다. 그리고 그 중심에 화북지대의 정신적 영도자로 존경 받았던 석정이 서있게 되는 것이다.

그런 석정의 죽음을 추도하고 제대로 된 장례를 치르는 의식이 1942년 7월부터 10월 사이에 수차 마련되고 거행되었다. 가장 먼저는 독립동맹과 조선의용군 공동 개최로 7월 15일에 중원촌 원정사元定寺에서 열린 열사추도대회였다.

이 자리에서 최창익과 김두봉이 애도사를 했고, 일본각성覺醒연맹본부, 제18집단군 전방총사령부, 제129사 본부, 문련文聯 대표가 각각 치사를 하였다. 그리고 석정 등 열사의 가족에게 조의를 표하는 전보도 치도록 하였다.

7월 25일, 중공중앙 북방국 및 제18집단군 야전정치부에서는 "석정을 비롯한 조선의용대 여러 동지들의 희생은 중한 양대 민족에게 막대한 손실"이라 규정하고, 「조선의용대 석정·진광화 등 7열사 기념에 관한 결정」을 공포하여 예하 기관에 시달하였다.

그 요지는 다음과 같았다.

첫째, 9월 18일 태항구 모처에서 합동장례식을 거행함. 기타 각 지역에서는 9·18기념회에서 열사들의 사적을 보고하고 3분간 묵도할 것.

둘째, 중국항전에 참전하여 활약한 수많은 조선지사들의 견정불발의 의지와 불요불굴의 정신을 전체 군민軍民들이 따라 배울 것.

셋째, 조선열사들의 생전 경력과 공적을 재료 삼아 학교교재와 전사 교본을 만들기로 함.

9월 20일 저녁 7시, 독립동맹 섬강녕구분회가 연안의 청년구락부에서 석정을 비롯한 11명의 조선열사 추도회를 거행하였다. 엄숙한 분위기에서 만가輓歌가 울려 퍼지는 가운데 100여 명이 참석하여 밤늦도록 진행되었다. 팔로군 총사령 주덕朱德은 추도사에서 조선의용대원들의 희생을 '영광과 불멸의 죽음'으로 칭송하였다. 이 추도회 소식을 보도하면서 열사들을 소개한 『해방일보』의 9월 20~21일자 지면에 연이틀 석정의 약력이 게재되었다. 애청艾青의 긴 추도시와 소삼蕭三의 추도문도 같이 게재되었다.

윤세주 비석

석문촌의 윤세주, 진광화 묘소

추도회가 있은 후 중공중앙 북방국과 팔로군 총부의 지시로, 최채 등 여러 대원들이 유해 수습 및 이장을 위해 화옥산 순국현장을 찾아갔다. 석정만 아니라 좌권, 진광화, 신화일보 사장 하운何云 등 5명의 유해도 같이 수습되었다. 유해를 하북성 섭현 석문향石門鄕 석문촌 뒤편의 연화산蓮花山에 새로 조성된 〈진기로예 항일순국열사 공묘公墓〉로 이장하면서 10월 10일에 중공중앙 북방국, 팔로군 총부, 129사 사령부, 진기로예 변구정부 등 수뇌기관 합동으로 안장식을 거행하였다.

묘 앞에 별 모양을 조각한 비석을 세웠는데, 미술에 조예가 있는 의용대원 장진광張振光이 설계한 것이었다. 이 탑은 일본군이 섭현을 일시 점령했을 때 파괴해버렸으나, 1950년에 복원하여 다시 세웠다.

묘비문은 70여 년 풍우에 시달려 이제는 판독이 잘 안될 정도로 마모되어가고 있다. 현지 지명과 행정구역 표기에서 일부 오류가 발견되는 것으로 보아, 작성자는 그곳 지리에 익숙하지 않은 의용대 측이었던 것 같다.

중국문과 한문체가 뒤섞인 비문을 우리말로 옮겨보면 아래와 같다.

석정石鼎 열사는 조선 경상남도 밀양읍 사람으로, 1901년에 태어났다. 윤세주가 그의 본명이다. 1919년 3·1독립운동 때 벌써 혁명에 참가하였고, 나라 안팎에서 조선혁명 사업을 위하여 분투하기를 20여 년이었다. 일찍이 중국 동북과 관내에서 조선의열단, 조선민족혁명당을 창립하고 영도하였으며, 남경의 조선혁명간부학교도 그와 같았다. 1920년 적의 경찰에 체포되어 8년을 옥에 갇혀 있었는데, 1937년 중국항전이 폭발함

에 처음 조선의용대를 조직하여 중국항전에 적극 참가하였다. 1941년 7
월, 조선의용대를 이끌고 화북 태항산의 항일근거지로 와서 화북조선청
년연합회를 영도함과 아울러, 중국과 어깨를 걸고 일본제국주의를 향한
싸움을 벌였다. 1942년 5월 28일, 태항산에서 반소탕전 전투 수행 중 산
서성 편성현 화옥산華玉山에서 적탄을 맞고 순국하였으니, 이때 나이 마
흔 둘이었다. 진기로예변구 각계에서는 열사의 공훈과 업적을 오래도록
기리기 위하여 진광화 열사와 꼭같이 이곳에 비석과 묘를 건립하노니,
이에 기념코자 하는 바이다.

중화민국 31년 10월 10일 세움

이와 같이 석정의 죽음은 극히 존귀하며 값있는 희생으로 여겨졌다.
석정의 장례는 화북지방의 당·정·군 각 기관과 민간단체가 주관하여
치렀고, 장렬·충용한 사실은 그 정신을 길이 후손에게 전하고 심어주기
위해 각급 학교 교과서에 집어넣었으며, 진기로예 변구정부는 「조선인
우대 조례」를 제정하여 공포까지 하였다.

두고 간 사람들

석정의 순국 사실은 뒤늦게 중경에 전해져 많은 사람을 비탄에 빠뜨렸
다. 다른 누구보다도 약산이 받은 충격과 슬픔은 이루 말할 수 없이 큰
것이었다. 실로 '오른팔'이 예고 없이 뭉텅 잘려나가는 애통함을 느꼈
다. 그 이상으로 혁명운동의 '영혼'을 잃어버린 크나큰 상실감도 엄습해

왔다. 그런 심정을 약산은 다음과 같이 적어서 솔직히 드러냈다.

그가 죽음으로 인하여 나는 일생 동안 생사를 같이하고 환난患難도 같이
해오던 가장 친밀한 전우를 잃게 되었다. 그로 인하여 나는 무한한 애감
哀感과 원한에 고뇌 되어, 시시로 내심으로부터 나오는 눈물을 금할 수 없
다. 뿐만 아니라 간고한 환경 중에 분투하고 있는 화북의 동지들은 가장
우수한 영도인물을 상실하였고, 전 조선혁명진선은 막대한 손실을 입게
된 것이다.

약산에게 있어서 석정의 죽음은 너무 큰 타격이요 손실이었다. 중국
국민당의 한 관측통도 "조선민족혁명당의 영혼 석정은 김원봉의 옆구
리요 팔뚝(힘을 얻는 원천이란 뜻: 저자)이었는데, 그의 죽음은 실로 김씨의
최대 손실"이라고 논평했다. 석정은 약산의 분신과도 같은 존재였고,
그때는 '화북에 간 약산'이나 진배없었다. 뿐만 아니라 석정은 의열단의
용맹감투한 정신과 민족혁명당의 일대통합 의지를 온몸으로 구현하고
조선의용대의 진취적 기상까지 얹어서 대변해 온 정신적 지주와 같은
존재였다. 그런 석정의 갑작스런 죽음이 그 후의 조선의용대(화북지대와
총대부 양쪽 다) 및 민혁당의 행로와 운명에 어떻게 얼마만큼 영향을 미쳤
을지는 반反사실적 가정법을 써보면 금방 답이 나올 것이다.

실제로 약산에게는 "석정의 전사로 모든 것이 와해"되었고, 그의 모
험적 행보도 실패로 돌아가기 시작했다. 우선은 조선의용대가 약산의
뜻과는 무관하게 중국 군사위의 압력과 김구 측의 거의 일방적인 결정

에 의해 광복군으로 병합·편입되었다. 화북으로 간 의용대 주력이 팔로군 구역으로 들어가 소식이 묘연한 데서 빚어진 반사적 조치이고 역풍이었다. 약산은 광복군 부사령 직 취임도 몇 달씩 미루면서 버텨도 보았지만 그래도 역부족이었다. 석정이 옆에 있었으면 결코 일어날 수 없는 일이었다. 그러니 그의 실의는 더욱 깊어갔다.

다만, 1942년 10월에 민선계열 3당의 임시정부 참여를 실현시킨 것이 위안이라면 위안이었다. 석정의 평소 신조이자 지론이던 좌우합작 민족전선통일의 앞길을 크게 열어 닦아놓게 된 것이니 말이다. 그것이 먼저 간 석정의 영전에 약산이 바칠 수 있는 유일한 꽃다발로 여겨질 법도 하였다. 그러나 중경과 화북(연안)을 다 포괄하는 대통합과 대단결의 추동력은 석정의 순국 이후 급속히 약해져 갔다.

그런 정황 속에서 민혁당 중경특구는 1943년 6월 3일, 석정과 김창화의 순국 1주년 맞이 추도식을 남안에서 거행하였다. 그리고 재중경 각 당파 및 각 단체에 공동추도 준비를 제의하여 6월 8일에 추도주비회를 개최하였고, 그에 힘입어 6월 20일 오후 2시에 남안에서 확대추도회를 거행하였다.

1945년 8월 15일, 조국의 산하와 동포인민 모두 일제의 침탈과 압제로부터 해방되는 날이 드디어 왔다. 석정의 넋도 저 멀리 중국 땅 태항산 기슭에서 조국광복의 소식을 듣고 마냥 기뻐하고 춤추었을까. 아니면 광복 후의 조국 강토와 한민족이 반쪽으로 나뉘어가는 사태를 내다보며 심히 걱정하고 있었을까. 그 또한 살아서는, 조국이 해방되는 날에 아내와 아들 손을 잡고 밀양 본향으로 개선장군처럼 들어서는 꿈을 꾸었으련만······.

1943년에 하소악과 용문이 석문촌 묘소를 찾아와 참배하였다. 연초에 본대本隊로 귀대하는 길인 하진동의 인도를 받으며 중경을 떠나 서안 경유 연안으로 갔다가 찾아온 길이었다.

소악은 실신하듯 엎드려 한동안 일어나지 못하다 겨우 정신 차려 술잔을 올리고 아들과 함께 두 번 절하였다. 그리고 묘와 비석을 한 장에 담은 사진을 찍었다. 연안으로 돌아간 모자는 조선의용군 가족으로 어울려 생활하였고, 용문은 학교도 다녔다.

해방되던 1945년 겨울에 모자가 한 달 간격으로 각자 밀양에 왔다. 따로 온 것은 귀국 행로가 이만저만 험악하지 않은 때문이었다. 화북지역에서 국공내전이 벌어지고 있었던 데다, 몽골군이 장악한 서북 변경지대의 위협적인 통행단속이 아주 심했던 것이다. 그야말로 사력을 다해 국경지대를 통과한 하소악의 상황 묘사를 시댁 조카 윤남수尹南守가 듣고서 적어놓았다.

달 없는 야음을 택해 일사불란 숨도 죽인 채 말고삐 틀어잡고 말 잔등에 엎디어 쏜살같이 달리는데 몽고군의 총소리가 콩 볶듯 들려오고 빗발치는 탄우 속을 뚫고 생사의 갈림길에서 앞서가는 대오 따라 달리고 달려 무사히 국경을 넘었다.

그때 하소악이 태항산 고원의 석정 묘소 사진을 큰아주버니 앞에 내놓았다. 얼마 전 12월 초에 김원봉이 귀국하여 서울에 있다는 소식이

들리니, 세주도 당연히 그와 함께 있을 것이라 여기면서 이제나 저제나 동생의 얼굴 보기만을 고대하고 있던 세 형과 그 가족 및 친지들은 그제서야 석정의 전사순국 사실을 처음 알고서 경악하였다.

밀양 체류 며칠 사이에 하소악은 인민위원회 초청으로 시내 조일극장—15년 전 남편이 열변을 토했던 바로 그 자리—에서 환국보고 의미의 연설을 했다. 그 옛날의 수줍고 다소곳하기만 하던 모습은 다 어디가고, 당당한 기백과 정연한 논리가 완전히 다른 사람이 되었음을 말해주고 있었다. 과연 혁명가의 아내다운 풍모를 그녀는 아낌없이 내보였다. 청중들은 우레와 같은 박수로 감동과 선망의 마음을 표하였다.

그러나 하소악의 밀양 체류는 짧게 끝났다. 2~3일인가에 불과했다. 아들 용문도 그리 오래 있지 않았다. 그래서 친족들은 모자를 잠깐 꿈에 본 듯한 기억만을 갖게 되었다. 부군 없는 시가에 어찌 소악이 마음 붙여 살 수 있었겠는가. 더구나 그녀는 탁 트인 '큰 세상'을, 그야말로 자유활달·평등겸애한 새 세상의 그림을 연안에서 보아버린 사람이었지 않은가. 또한 연안시절에 마음을 트고 친교했던 남녀 동지들과 함께 움직이고 함께 일하며 살아갈 마음을 어찌 갖지 않을 수 있었겠는가. 다른 선택의 여지가 별로 없었을 것 같다.

"대오 따라 간다."

이 말을 남기고 밀양을 떠난 하소악과 윤용문의 그 후 행방과 행로에 대해서는 별로 알려진 바 없다. 서너 가지 얘기만 단편적으로 전해질 뿐이다. 1950년 평양에서 이화림이 그녀를 만나본 적 있다 하고, 김학철의 모친과 함께 살았다고도 한다. 그 이상의 행적은 미상이고, 6·25 직후 평양에서 작고했다는 얘기가 있다. 아들 용문은 소련으로 유학 가서 레닌그라드공과대학을 다녔다는 얘기만 전해질 뿐, 다른 이력이나 생사 여부는 불명이다.

한·중 연대의 기념과 유산

1946년 3월, 국공내전 상황에서의 중공 관할 하 진기로예 참의회가 하북성 한단시에 〈진기로예 열사능원〉을 건립 조성할 것을 결의했다. 항일전 승리를 자축 기념함과 동시에 항일열사들을 제대로 예우하고 영원히 기억되게끔 하겠다는 취지였을 것이다. 그것에 더해, 국민당과의 싸움에 인민들이 자진 참여하게끔 독려하는 정치적 의도도 얼마간 섞여있었을 터이다.

국공대결에서 최종적으로 중공이 승리하여 중화인민공화국이 수립되고 1년 후인 1950년 10월 21일, 그곳 열사능원으로 석정과 진광화의 묘소가 좌권, 양유민楊裕民 등 중국인 항일열사 6명의 묘소와 함께 옮겨져 재안장되었다. 이 일은 중앙정부 정무원의 비준을 거쳐 내무부, 중공 중앙 군사위 총정치부 등의 주관으로 거행되었고, 이장 과정은 북경 중앙신문기록영화공장에서 촬영하여 기록영화로 남겼다. 이장 행사는 능원 낙성식落成式을 겸한 것이었는데, 이 이장 작업을 중국의 현대사 연구자들은 '신중국 역사상 첫 번째 국장國葬'으로 의미 부여하며 높이 평가하였다.

석정의 유골은 남원南園 동묘구東墓區 3열 17호의 시멘트 묘(후일, 붉은

1950년 한단 열사능원의 천장대회

한단시 진기로예 열사능원 전경

벽돌로 덮음)에 안치되고 비석도 세워졌다. 그런데 비문에는 비석을 세운 때가 1949년 9월인 것으로 새겨졌다. 원래는 1년 전에 이장하기로 계획되었던 것이 어떤 사정으로 지연 실행된 것인지도 모른다.

그 후 50년이 지나서 2000년에 중국정부가 남원의 묘소들을 정비하였다. 적벽돌 묘소는 모두 철거하고, 오석烏石으로 새로 단장하였다. 석정의 묘소에는 "石鼎烈士 1901-1942"라고 적힌 비석이 세워졌다. 2002년에 유족들이 중국 당국과 교섭하여, 문구를 "石鼎(正) 尹世胄 烈士 석정 윤세주열사 (韓國·密陽人) 1901-1942"로 새긴 비석으로 교체하였다. 다시 그 후에, "石正(石鼎) 尹世胄烈士 석정 윤세주열사"라는 표제 아래 석정의 일대기를 요약한 대리석 비문으로 바꿔 세웠으니, 현재의 모습인 것이다.

2001년, 밀양에서 밀양문화원 기획·주최와 유족의 지원으로 〈석정 윤세주 탄생 100주년 기념 국제학술회의〉가 열렸다. 그때 연변의 김학철과 중국 하북성 한단시 정부의 문화사업 관계자 및 연구자가 1인씩 초청 받아 참석하였다. 이를 계기로 한단시 정부는 태항산 일원의 조선의용군 항일유적지에 대한 보호와 개발에 관심을 표하기 시작했다. 이어서 밀양과 한단, 두 도시 간에 경제적·문화적 교류가 확대되었고, 2004년에는 자매결연이 맺어졌다. 동시에 섭현 석문촌에 〈조선의용군 열사기념관〉이 건립되었다.

그 후로 한국과 중국의 연구자, 고교생부터 대학원생까지의 한국학생과 중국유학생, 독립운동 기념사업 조직 관계자, 시민단체원과 일반 시민, 근래에는 관광객들까지 무리 지어 태항산을 찾고 있으며, 두 나라

진기로예 열사능원의 윤세주 구묘

진기로예 열사능원의 윤세주 신묘와 비석

지방정부와 민간 두 차원의 우호적인 교류와 왕래가 촉진되어 왔다. 석정 윤세주가 남겨놓은 또 하나의 큰 유산이다.

석정 윤세주, 불멸의 공적과 인간상 09

윤세주의 독립운동 발자취와 공적

석정을 우상으로 삼았던 제자이고 민혁당·조선의용대 활동의 동지이기도 했던 김학철은 석정의 독립운동 노선과 공적에 대해 이렇게 확언했다.

"석정은 끝내 공산당에 가입하지 아니한, 가장 철저한 민족주의자였다. 웅변가이며 이론가였고, 예리한 판단으로 편집과 방송을 맡았으며, 적극적인 항일운동으로 후진 양성에 힘쓴 인물이었다. 그 공적은 누구와도 비교되지 않으며, 어느 누구도 석정을 따라올 사람이 없다."

그렇다. 독립운동가·민족혁명가로서 석정의 공적은 매우 큰 것이었고, 그로부터 얻을 수 있는 교훈도 적지 않다. 그래서 그의 일평생 발걸음을 다시 한 번 총괄적으로 정리하여 살펴보고 그 의미도 되새겨볼 필요가 있다.

일찍이 소년시절부터 시작된 석정의 항일 행보와 독립투쟁 이력은 풍부한 내용과 다변적 지향으로 가득찬 것이었다. 국내외 양쪽으로 발자취를 남기면서 20년 이상 계속된 그의 독립운동 이력은 다음과 같이 크게 네 개의 시기로 구분할 수 있다.

제1기(1917~1926) 재향 비밀결사운동 가담에서 시작하여 밀양 3·1운동 주도와 의열단 창립 및 그 최초 특공거사 참여와 옥중투쟁으로 이어짐

제2기(1927~1931) 출옥 후 밀양 청년회와 신간회지회 참여로부터 재개되어 항일언론투쟁과 민족문화사업 참여로 이어짐

제3기(1932~1937) 중국으로 망명하여 의열단으로 복귀한 후 조선혁명간부학교, 한국대일전선통일동맹, (조선)민족혁명당 조직에 참여하면서 혁명간부 양성, 국내외 지하공작 기획 및 지휘, 민족전선통일운동, 통일신당 내 조직·선전·훈련 부면 활동 주관 등, 다방면으로 크게 활약함

제4기(1938~1942) 중일전쟁 발발 후 중국군관학교 교관이 되고 조선의용대를 창설하여 중국항전에 참가하면서 '최후의 결전'을 준비하다 화북전선에서 돌연 희생 순국케 됨

각 시기는 저마다 하나씩 마디를 이루었지만, 서로 단절됨이 없이 꼬리를 물고 접속되었다. 시기별 활동의 범주나 세목들은 그때마다 그가 처한 공간과 상황에서 최선의 방략으로 선택된 것들이었다. 제3기와 제4기도 상황배경과 활동내용과 주축조직이 좀 달랐을 뿐이지, 방향은

동일한 것이었다. 그리고 제3기 때의 모색과 준비에 의해 제4기의 성과들이 나올 수 있었다. 그러므로 두 시기의 석정의 항일독립투쟁은 연속성을 갖는 것이다.

또한 제3기 중에서도 후기 의열단운동 국면의 것에 속하는 석정의 활동들은 1927년 출옥 이후 중국 망명 전까지 국내의 '합법활동' 국면에서 전개했던 신간회운동과 언론투쟁의 한계, 그 좌절과 고뇌를 딛고 일어서서 새롭게 모색된 진로였다. 그런 의미에서 제2기와 제3기는 변증법적 관계로 맺어져 있었다. 제1기와 제2기의 국내활동의 관계도 그와 비슷한 것이었다고 볼 수 있다.

이와 같이 석정의 독립운동 행로의 주축은 의열단→민족혁명당→조선의용대 계선을 따라 내적 일관성을 갖고서 세워져 간 것이었다. 따라서 그의 마음의 본향, 정신의 축심이 되었던 것은 의열단과 그 정의 추구의 용맹감투정신이었다고 말할 수 있다. 그렇지만 의열단원으로서의 활동은 1년도 못되어 1920년에 중단되었다가 1932년에 가서야 재개되었다.

그때 그는 창립단원임을 내세워 대선배로 군림하며 특별대접을 받으려 하지 않았다. 오히려 일개 생도가 됨을 자원하여 조선혁명간부학교에 입교하였다. 교관이 되어달라는 약산의 강권도 뿌리치고서였다. 그와 같은 겸손과 헌신의 자세가 오히려 그를 의열단의 제2인자 위치로 급속히 올려 세웠고, 의열단의 모든 공작과 혁명운동을 이끌어가는 중심인물이 되게끔 하였다. 중국국민당 인사들이 석정을 가리켜 '의열단의 정신'이라 일컬은 것은 그 점을 잘 간취해서였다.

석정의 활약상은 국외 독립운동의 전열 정비와 역량 총집을 위한 민족전선통일운동에의 기여로도 이어졌다. 1934년 봄부터 그는 대일전선통일동맹 상무위원회와 혁명단체대표대회의 의열단 대표가 되어, 단일대당 결성 문제에 대해 입장이 상충하는 여러 정파를 끈기와 성심으로 설득하며 태도 변화, 입장 변경을 이끌어냈다. 강령 제정과 조직체제 기획의 임무가 주어졌던 신당창립 대표위원회에도 약산과 함께 의열단 몫 위원으로 참여하면서 통일신당 창당으로 가는 길을 주도적으로 닦았다.

그렇듯 각종 사업에 석정이 전심전력 헌신한 데 힘입어 단일대당 촉성운동은 급진전을 보게 되었고, 마침내 1935년 7월에 민족혁명당이 창립되었다. 그 일련의 과정에서 석정은 특유의 근면함과 인내심, 논리적 대화술, 정확한 상황판단과 민첩한 대응력을 발휘하며 혼신의 노력을 경주하였다. 그가 1930년대 국외 민족전선통일운동의 향도이자 조타수와 같은 존재였다고 해도 지나친 말이 아닌 까닭이다.

민족혁명당 결성 때 석정은 김원봉·이영준과 함께 의열단을 대표하여 중앙집행위원 15인 중 3인으로 선임되었고, 그 후의 전당대표대회에서도 중앙집행위원의 일원으로 연거푸 선출되었다. 1935년 10월에는 훈련부장으로 선임되어, 적지침투 특무활동 요령 중심의 당원훈련을 전담하였다. 중일전쟁 발발 직후에는 그 스스로 적지 잠입하여 비밀당원들의 항일공작을 직접 지도하였다. 1937년 7월부터 10월까지 상해에서 그가 지도 또는 참여하여 전개된 바 삐라살포, 조선어 방송, 공작거점 설치, 정보수집, 구휼위로금 모집 등의 활동이 그 증례가 된다.

1938년에는 호북성 강릉으로 이전된 중앙육군군관학교 성자분교 특별훈련반 제6기의 조선인 교관 3인 중 1인으로 선임되어, 적어도 80명 이상 한인 청년들의 정치교육에 중요한 일익을 담당하였다. 조선의용대가 창설되었을 때 그는 본부의 정치조 훈련주임이 되어서, 앞서와 같은 직임을 그대로 수행하였다. 화북진출 이후에 새로 설치된 조선의용대 간부훈련반에서도 그는 정치교관 직을 담임하여, 적후공작 요원들을 양성하였다. 이처럼 거의 10년 동안 석정은 장차 정치·군사 부문의 민족간부가 될 청년투사들을 유능한 항일공작 요원으로 키워내고 단련시키는 명 조련사의 역할을 줄곧 맡아했던 것이다.

항일선전공작에서도 석정은 시종여일 탁월한 재능을 보여주었다. 민혁당 기관지나 내부 소식지의 주요 기고자 중 1인이었고, 게재된 그의 글이 담고 있는 치밀한 논리와 균형 잡힌 시각은 너무도 인상적이다. 조선의용대에서도 석정은 국문간행물 편집주임을 겸임하면서 내부소식지의 발간을 주관하였다.

이와 같이 후기 의열단과 민혁당과 조선의용대를 거쳐 가는 동안에 석정은 교육훈련, 조직관리, 선전선동, 통일추동의 대외 정치사업 등 다방면에서 골고루 뛰어난 능력을 발휘하며 '약산의 오른팔' 격 위치에 서게 되고 그 존재감을 주위에 각인시켰다. 그러던 그가 북상항일의 길을 택하여 약산 곁을 떠나간 것은 일견 놀랄 만한 일이었다. 그러나 석정의 화북행은 약산과의 숙의를 거쳐 흔연한 동의를 얻고서 이루어진 일이었다. 그런 선택은 1940년 당시 의용대가 처해 있던 주·객관적 조건들을 다각도로 검토하여 고심 끝에 나온 것이었다.

실은 석정이 의용대 주력의 화북진출만 아니라 태항산 항일근거지로의 이동까지도 강력히 주장한 이들 중 한 명이었다 한다. 그의 판단과 선택을 늘 존중하고 경청해 온 약산이 그래서 총대부를 제외한 3개 지대 병력 거의 모두를 화북으로 보내는 용단을 내릴 수 있었다는 것이다.

그렇듯 자기 진로에 관한 조선의용대의 내부 결정은 중공당이나 그와 연계된 공산주의자 대원들의 책략 때문이었다고 볼 수가 없다. 지도부 자체의 정세판단과 공작중점의 이동 방침이 훨씬 크게 작용했다. 적후지구인 화북의 다수 조선인들을 규합하여 항일무력을 증강시킬 필요와, 그러기 위해서도 의용대의 활동중점을 분산적 전지선전공작으로부터 집중적 무장선전공작과 적후조직공작으로 옮겨가야 한다는 객관적 요구에 적극 부응코자 한 것이었다.

1941년 정초에 박효삼과 함께 북상대오를 이끌고 중경을 떠난 석정은 장거리 행군과 야전숙영을 거듭한 끝에 황하를 건너 1941년 7월 초에 팔로군의 태항산 항일근거지로 들어갔다. 거기서 새로 주둔지를 정하고 화북지대로 개편도 된 북상병력을 지도하면서 석정은 본격적인 항일투쟁과 승리의 길을 다시금 모색하고 준비하였다.

1942년 5월, 일본군의 대대적인 '소탕작전'이 개시되자 조선의용대는 팔로군과 합동으로 반소탕전에 임하였다. 그 과정에서 일본군이 쳐놓은 포위망 돌파를 위하여 의용대의 비전투원 40여 명이 산중 후퇴이동을 하게 되었을 때, 석정은 그 행군 대열의 인솔 책임자가 되었다.

계속 이동하던 중에 숲속에 은신해 있던 일행이 추격해 온 일본군에게 발각될 위기에 처하자 석정은 일본군의 시선을 유인하여 다른 대원들을 지켜내고자 일부러 뛰쳐나와 내달렸다. 그러자 곧바로 일병의 집중사격이 가해졌고, 석정은 적탄에 맞아 부상을 입고 닷새 동안 고투하다 숨을 거두었다. 실로 장렬 희생의 전사 순국이었다.

이렇듯 석정은 10대 소싯적부터 생의 마지막 순간까지 끊임없이 항일독립투쟁의 행로를 걸어간 이다. '최후의 결전'─그가 작사한 노래의 제목─을 향해 줄기차게 내달리듯 그러했다. 그 행보를 다시 정리하여 시간 순으로 열거해보면, ① 노예화의 식민교육 거부, ② 비밀결사운동 가담, ③ 독립만세시위 주도(기획·준비·현장지휘), ④ 지하신문 편집·제작·배포를 통한 항일선전공작 수행, ⑤ 의열단의 작탄투쟁 참여, ⑥ 피체 후 옥중투쟁, ⑦ 출옥 후 청년회운동 및 신간회운동 참여, ⑧ 항일언론투쟁, ⑨ 노농·학생운동 지원, ⑩ 혁명간부 양성운동, ⑪ 국내 민중조직 구축공작 기획 및 지도, ⑫ 대일 특무(첩보 및 파괴)공작 지휘, ⑬ 독립전선통일 및 혁명당조직 운동, ⑭ 무장투쟁을 위한 군사운동, ⑮ 국제연대 사업 등이었다. 다방면·다계열의 활동이 꼬리를 무는 듯 이어지고 때로 중첩도 되면서 전개되었던 것이다. 그 과정에서 석정은 활동 무대가 국내든 국외든 관계없이 언제나 자기의 역량과 노력을 아낌없이 최대로 쏟아 부었다.

중국망명은 그의 항일독립투쟁의 전·후기를 가르는 분기점도 된다. 이것의 의미를 석정 자신은 '열정과 용기'로부터 '과학적 혁명이론'으로의 이행으로 표현하였다. 하지만 중국에서도 그는 이론가나 전략가의 위치에만 자기를 못박아둔 것이 아니었다. 여전히 열정과 용기로 충만한 행동을 진솔하게 보여주었다. 그 정점이 태항산에서의 전사 순국이었던 것이다.

중국의 한 조선족 학자는 근래에 석정의 생애에 대해 이렇게 평했다.

"한 인간이 살아서 그 존엄을 지키기도, 죽어서 거룩한 명성을 후세에 고스란히 남기기도, 결코 쉽지 않다. 하지만 조선독립운동가(혁명가) 석정은 42년을 일기로 나라의 독립과 민족의 자유를 위해 죽는 날까지 자신의 삶을 깨끗이 단장하였으니, 실로 장한 일이 아닐 수 없다."

진정 맞는 말이다. 석정은 그야말로 "죽는 날까지 하늘을 우러러 한 점 부끄럼 없을" 고결한 혁명가의 삶을 살았다.

윤세주의 인간상과 그 의미

겉모습으로 보면 석정은 "도무지 용사 같아 보이지 않는" 사람이었다. 작은 편인 체구에 음성은 낮고 부드러웠다. 성품도 많이 그러했다. 동지들과의 관계나 일상생활 속에서 늘 격의 없이 온화한 모습이었다. 곤란한 경우에도 역정 내는 일 없이, 순순히 타일러 설복시켰다. 강퍅해지기 쉬운 감옥 안에서 강도나 살인범에게도 연민과 동포애로 포용하였다.

말로써 사람을 감복시키는 석정의 능력과 그 비결에 대해 약산은, "그가 사람을 대하는 태도는 겸손하고 화기애애하다. 교양과 설복의 능력이 특별히 강해서, 당 안이건 당 밖이건 남녀노소건 가릴 것 없이 누구나 그를 좋아하고, 접근 안 하는 사람이 없었다. 사람마다 곤란한 문제가 있을 때면 모두 그를 찾아와 해결 방도를 묻고 구하였다. 그러므로 그는 당 안팎으로 단결공작에서 특별한 천재를 발휘하였다"고 술회하였다.

실로 석정은 설득의 명수, 대화의 달인이어서 긴장감이 감돌고 서로 팽팽히 맞서는 상황에서도 언제나 먼저 소통의 물꼬를 트는 역할을 하였다. 중국으로 망명하여 활동을 시작한 후로 논쟁과 협상을 통한 대승적 결론 도출이 필요한 각종 위원회와 회의체 자리에 매번 그가 자기 조직의 대표로 나가게 되었던 것도 다 이유가 있는 일이었다.

석정의 그런 천품과 능력은 1934~1935년에 통일신당 조성 작업에 진력하여 성사의 숨은 공신이 되었을 때도, 1936년에 민족혁명당 화남지부 문제 해결차 광동성 광주로 가서 그곳의 반反중앙당적 태도를 바꿔놓았을 때도, 1939년 중국군 포로수용소에 갇힌 31명의 한인포로들을 일일이 면담 교도하여 신입대원으로 만들어놓았을 때도, 매양 발휘되었다.

그런 소통 능력의 한 부분은 석정의 뛰어난 언변이 받쳐주고도 있었다. "재주 많고 언변 좋은 뛰어난 선전선동가"였다거나, "천재적인 연설가인 동시에 유능한 선동가"였다는 인물평, "열정이 풍부하고 웅변에 능하므로 그가 등단하여 연설할 때에는 능히 사람을 웃기고 울렸다"거나, "물 흐르듯 거침없는 현하지변에는 어떠한 적수도 맞서지를 못했다"는 회고가 모두 한 목소리로 그 점을 짚어 말해준다. "석정이 연단에 올라 연설을 하면 청중은 숨소리조차 내지 않고 조용했다. 그의 예리한 판단과 철저한 이론에 어느새 모두 감화되고, 열렬한 언변에 사로잡히곤 했다"고도 한다.

앞 문단 맨 뒤의 회고문은 석정이 민혁당의 '손꼽히는 이론가'였다는 지적과도 맞닿는다. 이론가가 되려면 많은 공부를 통해 축적된 내공과 남다른 독창적 사고를 요한다. 앞서 1920년대의 장기투옥 중에도 석정은 부단히 독서하고 사색함에 의해 운동의 공백기를 자기단련의 호기로 바꿔놓은 바 있다.

그렇다고 그가 그저 책상물림인 지식인처럼 어떤 유의 교조적 논리에 집착하여 현실과 유리된 얘기를 무수히 늘어놓거나 자기주장만 내세우면서 남을 함부로 공박하는 일도 없었다. 그는 부단히 학습한 이론을 구체적 환경과 견주어보면서 유연하게 운용할 줄 알았고, 어떤 논쟁에 참가할 때도 구체적 사실에 근거하여 정확한 주장을 천명하였지, 유행처럼 추수되거나 권위로 포장된 기성의 논리에 구속되는 일이 없었다.

그런데 그런 사고방식이나 행동양식이 그저 단순히 유연성에서만 나올 수 있는 것일까? 그건 아니겠다. 오히려 다수의 목소리 혹은 '대세'라는 것에 무조건 따라가거나 연연하기보다, 예리한 판단과 엄정한 결론을 내놓고 지킬 수 있을 굳은 심지와 확고한 신념도 있어야만 하는 것이다. 그런 의미에서 그가 '속이 무서운 사람'이었다는 지적은 정곡을 찌른 표현이다.

그처럼 석정은 온화하고 진중하며 유연해 보이는 성품의 다른 한편에, 대쪽 같이 곧은 의기와 매서운 투지도 갖추고 있었다. 그것은 일제로 대표되는바 불의한 현실권력에 견결히 저항하고 가차 없이 그것을 부숴가는 모습에서 잘 나타났다. 1920년 피체 후의 공판 과정과 수감생활에서 약여히 드러나 보였던 면모이기도 하다. 그때 석정은 한 점 흐트러짐 없이 당당한 자세를 시종 견지했고, 최후진술에서는 폭포수와도 같은 웅변으로 불굴의 항일 의지를 내뿜듯 드러냈다. 항소하지 않은 것

석정 윤세주 열사 어록

"우리의 제1차 계획은 불행히도 파괴되고 무수한 동지들이 체포되어 처벌되었지만 체포되지 않은 우리 동지들은 도처에 있으니 반드시 강도 왜적을 섬멸하고 우리의 최후 목적을 도달할 날이 있을 것이다."

- 1921년 의열단 제1차 국내특공거사 사건 재판정 진술 중에서 -

독립기념관에 세워진 윤세주 어록비

도 특이했지만, 수형생활 중에도 그는 결연한 태도로 부당한 감옥규칙에 끝까지 저항하며 간수들을 제압해 갔다.

하지만 이와는 상반되어 보이는 성향도 그에게는 있었다. 조선의용대의 지도자 역할이 수행되던 방식에서 그 점을 볼 수 있다. 그는 공식 직책에 따른 임무 수행에서만 아니라 평상시의 생활습관이나 자세에서도 늘 청년들과 함께 생활하고 같이 움직이고 호흡도 맞추면서 '앞길'을 제시하여 정신적으로 감화시키고 단련시키는 타입이었다.

가끔씩 대원 회식을 할 때면 꼭 나가서 「밀양 아리랑」 등 노래를 부르고 변사가 되어 동지들을 즐겁게 해주는 소탈한 성격도 석정의 또 다른 면모였다. 그러다보니 "날 좀 보소, 날 좀 보소 ⋯⋯ "로 나가는 「밀

양 아리랑」이 자연스럽게 독립군 아리랑의 곡조로 차용되었다. 독립
군 아리랑은 "아리아리 스리스리 아라리가 났네 / 독립군 아리랑 불러
를 보세"로 시작해, "일어나 싸우자 총칼을 메고 / 일제 놈 쳐부숴 조국
을 찾자"로 이어졌는데, 애조를 띤 다른 아리랑에 비해 힘이 있고 쾌활
했다.

그와 같이 석정은 사람들의 흥취를 불러일으키고 돋우는 데 재능이
있었을 뿐더러, 문화예술 부문의 일들에 대한 이해가 깊었고, 직접 뛰어
들어 해보기를 좋아했다. 그리고 남들에게 권유하고 장려도 했다.

그러므로 석정은 어느 일면으로 좁게 고정되지 않는 다면복합성과
그 복수의 성질이 따로 놀지 않고 잘 어우러지는 전면융합성의 특징을
갖는 성격의 소유자였다 하겠다. 강직함과 유연함, 단호함과 부드러움,
진중함과 민활함, 강인함과 겸손함을 안과 밖으로 겸전한 인물이고, 어
떻게 보면 약자에 약하고 강자에는 강한, 진정한 의미의 '외유내강'형
성격이었다. 게다가 분석과 종합에 다 능통하고, 이론가와 실천가의 자
질을 겸비했으며, 남을 지도할 뿐만 아니라 스스로 실행함에 앞장서는
성격이었다. 그런 모든 점들이 바로 누구나 다 그를 좋아하게끔 만드는
독특한 인간적 매력이었던 것이다.

그 이름, 불멸의 큰 별이 되다

김원봉의 곡진한 평언을 빌리면, 석정은 "개성이 굴강屈强하여 불요불굴
의 의지를 가진 사람"이었다. '환란곤궁과 분투노력'의 일생 속에서 시

종 '백절불굴의 용기'와 '강의견결剛毅堅決한 의지'를 다지고 내뿜었다. '정확 명석한 이론'과 '세밀 주도한 공작계획'으로 주위의 찬탄을 자아냈고, '겸허 화애한 태도'와 '불꽃같은 정열'로 동지와 그 가족들에게 아낌없는 사랑과 존경도 받았다. 의열단·조선민족혁명당·조선의용대에게 있어서는 '견정불발堅定不拔의 혁명정신'을 대표하고 수호하는 '영혼'적 존재로 여겨졌다.

그럼으로써 그는 "조선혁명의 가장 우수한 영도인물의 하나"로 이름을 떨칠 만했다. 우리 민족사의 가장 가난하고 어두웠던 시대에 그 질곡을 걷어낼 독립운동·민족혁명 전선의 가장 빛나고도 큰 별 중의 하나였다. 동시에 그는 희생적 최후가 웅변해 주다시피 사고와 행동, 신념과 실천의 합일을 끝까지 추구하는 진정성의 인간이었다.

이런 모든 점에서 석정 윤세주는 불멸의 독립투사요 진정한 혁명열사로 추앙되기에 손색이 없다. 뿐만 아니라 그는 오늘 우리가 새롭게 재발견하면서 오래도록 기억하고 수범으로 삼아야 할 실천적 지식인의 선구적 표상이기도 하다. 민족혁명당·조선의용대 동지들이 그에 대한 추도문을 다음과 같이 끝맺었듯이 말이다.

"석정동지는 영원히 우리 3천만 민중의 마음속에 살아 있다. 그는 과연 죽지 않았다. 그가 이 세상에 머물기는 42년에 지나지 않았으나, 그의 아름다운 이름은 천년만년 영구히 살아있을 것이다."

부록

- 석정동지 약사
- 석정동지를 추도함

일러두기

1 원문은 한자가 많으나, 읽기 쉽게 노출을 최소화하고 대부분 한글로 바꿔 적었음.
2 어휘와 표현은 원문 그대로 옮기되, 조사·어미·서술어 등의 표기와 띄어쓰기는 현대 어법과 현행 맞춤법대로 고쳐 적음.
3 단락을 적절히 새로 나누었음.
4 원문에 없는 쉼표와 가운데 점을 필요한 부분에 새로 넣었음.

석정동지 약사 石正同志 略史

김약산

석정동지의 원명은 윤세주이다. 그의 고향은 즉 나의 고향―조선 경상 남도 밀양군 성내城內이며, 그의 집과 나의 집은 상거相距가 불과 지척간 이다. 우리들은 어려서부터 한곳에서 놀고 한곳에서 자라났다. 그는 나 보다 두 살 아래이며, 우리들은 8~9세부터 한 학교에서 독서하였다. 그 때 우리들 서로 좋게 지내던 7~8명 어린이들 중에 그는 나와 특별히 친 밀한 사람이다. 망국 당시 그는 11세, 나는 13세였는데, 그때 '일한합 병'의 소식을 들은 후 우리 어린이들은 한곳에 모여 통곡유체痛哭流涕하 였다. 이때부터 우리 어린 동무들은 애국사상에 완전히 도취되어, 시종 始終으로 일어과日語課를 상학上學하지 아니하였다.

망국 후 제1차 적의 소위 '천장절일天長節日'을 당하여 우리 어린 동무 들은 일본기를 변소 똥구덩 속에 꽂아서 소위 '천장절 경축'의 반대를 표시하였더니, 학교당국 일인 교장은 위협이유威脅利誘의 수단으로서 심 지어 우리를 구타고문 하였으나 우리들은 시종 부인하였으므로 이 사정 事情의 진상은 영원히 발현發現되지 아니하였다. 경남도청은 이 일로 인하여 조선어를 아는 일인을 학교에 지파指派하여 엄중한 훈화를 한 일이 있다. 그 후 우리들은 일인이 경영하는 보통학교에서 노화교육奴化敎育을 받기 싫어서 석정동지와 나는 일인학교를 탈리脫離하여 사립 동화중학同和中學에 입학하였다.

우리들은 그때 비록 중학에 입학하기는 정도가 부족하였지만, 우리들은 애국학생이었으므로 특별히 입학을 준허準許한 것이다. 동화중학교 시절에 그와 나는 여러 동학同學들에 향하여 애국사상을 적극 고취하는 일면 학교 내에 애국단체—연무단鍊武團을 비밀히 조직하였다. 당시의 우리들은 조선이 상무尙武를 하지 않아서 멸망하였다 생각하고, 동삼성東三省에 가서 연병鍊兵을 해서 복국復國하자는 주장이었다. 이것이 당시의 석정동지와 몇 동무들의 동일한 이상이었다. 이 목적을 달성하는 준비로서 신체를 건강히 하기 위하여 우리들은 여름 염천炎天 하에 강변 사장沙場 위에서 풋볼을 찼고, 겨울 아침 상학 전에는 등산과 냉수욕을 하였다.

동화중학 2개년 동안에 있어서 그와 나는 위인전기, 조선역사, 지리 내지 육도삼략六韜三略 등 서적을 제일 많이 애독하였는데, 그 당시 일인은 조선역사를 읽는 것을 금지하였으므로 우리들은 비밀히 초抄하여 호상전독互相傳讀하였다. 단군 개천일에 학교에서는 공개로 기념하기는 불가능하므로, 그와 나는 상의商議한 후에 연무단 동지와 함께 단군 개천가를 고창하면서 거리에서 경축유행慶祝遊行을 하였다. 그 후에 우리 학교는 반일혐의로써 일인의 주시를 받게 되고 또 경제곤란으로 계속 유지할 수 없게 되므로, 석정동지와 우리 몇 동무들은 통분한 맘으로 학교 유지를 위하여 자금모집을 한 결과 겨우 80원元을 모아서 교장에게 전하면서 "이것으로 학교를 다시 유지할 수 있느냐"고 물었더니, 교장은 눈물을 흘리면서 우리를 대하여 하는 말이 "우리가 학교를 정판停辦하게 되는 것은 비단 경제곤란 원인뿐만 아니라 더 중요한 것은 '배일' 문제"라고 하였다.

동화중학이 폐지된 이후 우리 두 사람은 실학失學하여 가정에서 약간의 시기를 보냈다. 석정동지는 상경하여 오성중학교五星中學校에 입학하였고, 나는 중앙학교中央學校에 다니었다. 학교에 있는 동안에 있어 학교 교육이 우리의 반일복국의 요구에 만족을 주지 못하는 것을 감득하였으므로 국외로 나오기로 계획하였다. 그 후 나는 먼첨 중국에 나왔으나, 석정동지는 국내에서 각지 동지와 연락하여 애국운동을 부단히 진행하였다.

1919년 '3 · 1운동'이 폭발되자 그는 우리 고향의 여러 동지들과 같이 지방 민중을 동원하여 대 시위운동을 거행하였다. 그는 또 독립신문 경남지국장을 조직하고 자기가 국장이 되어 선전공작을 진행하였다. 그러나 적인敵人의 압박 하에 그는 더 공작을 계속할 수 없어, 그 후 그는 중국 요녕성 유하현 고산자에 와서 신흥학교에 입학하여, 숙원이던 군사학을 배우기 시작하였다.

이 학교는 혁명학교이므로, 그 당시 전국의 열혈청년들이 운집한 학교이었다. 당시에 나도 그곳을 가서 석정동지를 다시 만났다. 그와 나뿐만 아니라 다른 동지들도 모두 생각하기를, 현재 혁명은 이미 폭발되었으므로 응당히 학교로부터 나와서 반일복국운동을 적극 진행할 때라고 인정하고, 그와 나와 또 기타 동지 도합 13인이 길림성吉林城으로 와서 의열단을 조직하고, 제1차 실행계획으로서 조선총독부, 매일신문사, 동양척식회사를 파괴할 것과 또 적의 관공리, 정탐노 친일부호 등 '7가살'을 암살할 것을 결정하였다.

석정동지는 당시 불과 19세로 우리 단에서 제일 나이 어린 동생이었으나, 그는 수창手槍과 폭탄을 휴대하고 국내에 가서 파괴공작을 진행할 것을 자원하였다. 우리들은 그의 연령이 너무 어리므로 가지 말라고 권하였다. 그러나 그는 우리를 향하여 열렬히 말하기를, "나는 다른 사람보다 더 묘한 방법으로 적탐敵探의 주의를 능히 피면避免할 수 있고, 만일 불행히 피포被捕된다 하더라도 나는 의지가 견결하므로 우리의 비밀을 누설하지 아니하겠다"고 하였다. 그의 열정에 감동된 우리들은 다시 더 만류하지 못하였다. 그가 입국한 이후 유명한 의열단 제1차 사건은 불행히도 실패되어, 작탄炸彈·권총·선언문 등이 적탐에게 압수되고 동지 백여 인은 선후하여 피포 입옥入獄되었다.

그는 피포인들 중 연령은 제일 어린 사람이었지만, 시종으로 함구불언하였으므로 받은 악형은 누구보다도 심하였다. 최후 적인이 8년 도형

徒刑을 언도하는 날, 그는 법정에서 그의 유명한 웅변을 열렬히 발표하여 전국을 진동시켰다. 그는 법관을 향하여 경고하는 말이, "우리의 제1차 계획은 불행히도 파괴되고 무수한 동지들이 피포 판죄判罪되었지만 피포되지 않은 우리 동지들은 도처에 있으니 반드시 강도왜적을 섬멸하고 우리의 최후 목적을 달도達到할 날이 잇을 것이다"라고 고함쳤다.

그는 개성이 굴강屈强하여 감옥에서도 감옥규칙을 반항하였다. 그러므로 감옥 내의 '장奬'을 받은 일이 없고, 적인의 감형을 입은 일이 없다. 원래 감옥규칙은 죄수로 하여금 매일 기상 후 간수를 향하여 경례를 하게 하는 법이지만, 그는 이 규칙에 항거하여 적에게 경례를 하지 아니하니, 무치無恥한 간수들은 석정동지의 두 손을 붙잡고 머리를 내리누르면서 강박적으로 경례를 시켰다. 그러나 그는 차라리 매일 강박에 이기지 못하여 '절'을 한지언정 자동경례를 하지는 아니하였다. 이렇게 1개월을 상쟁하다가 간수들도 하는 수 없이 다시는 석정동지의 경례를 받지 못하였다 한다.

그는 옥중에 있으면서도 강도·살인·스리掏手범 등에까지 부단히 교육하며 독립사상을 관수灌輸하는 일편一便, 자기 자신도 각종 어학과 과학을 열심히 학습하였다. 그가 출옥 후, 옥중에서 그에게 훈련된 '죄수'들이 원지방遠地方에서 그를 찾아와 그의 지도를 받아 혁명공작에 참가한 사람이 불소不少하였다.

출옥 후 그는 민족문화사업에 참가하여 그가 중외일보 기자와 경남주식회사 사장이 되어 표면활동을 하면서 또 비밀히 학생과 공인운동工人運動을 진행하다가 적인의 감시가 태심太甚하여 국내에서 계속 활동이 불가능하므로, 그는 하는 수 없이 조선을 떠나 중국으로 나오게 되었다.

1932년 하계夏季, 그는 남경에 와서 나와 상봉하였다! 10년 만에 다시 만리이방萬里異邦에서 상봉할 그때 그가 나에게 하던 말은 영원히 나의 기억에 남아있다. "나의 과거의 일생은 다만 나의 열정과 용기로써만 조선독립을 하려고 분투하여 왔었다. 그러나 현재는 나의 경험과 교훈에 근거하여, 단지 열정과 용기만으로는 목적을 도달하지 못한다는 것을 다시 각오하였다. 그러므로 지금 나는 나의 혁명적 인생관, 세계관 등 과학적 혁명이론으로 나의 두뇌를 재무장하여야 나아가 정확한 혁명운동을 추근推近[추진 : 저자]할 수 있다" 하였다.

그 후 그는 군중과 공동이 생활하고 공동이 학습하며 다시 그의 이론을 정리하기 위하여, 조선민족혁명간부학교 제1기 개학시에 교관이 되라는 우리들의 권고도 듣지 않고 자원으로 학생이 되었지만, 학생 시기에 그는 사실상으로 기타 학생을 영도하고 교육하는 공작을 하였다. 제1기 졸업 후 그는 제2기 제3기 정치·철학 교관으로 있으면서 전체 학생의 애대愛戴와 경앙敬仰을 일신에 집중하였다.

1935년 5당통일회의시 그는 의열단 대표의 자격으로 다방多方으로 분주하면서 각종 문제에 대하여 접흡接洽 소통疏通의 공작을 다하였고, 또 정확한 주장을 많이 발표하여 통일 성공에 대한 공헌이 많다. 그러므로 조선혁명인사들에게 대단히 중시되었고, 민족혁명당 창립시 그는 중앙위원으로 피선되었다. 그 후 역차歷次 대표대회시 그는 중앙집행위원과 중앙상무위원으로 피선되어, 우리 당 조직·선전·교육공작에 있어 그의 탁월한 천재를 표현하였다.

8·13항전 폭발 후 당 중앙 명령에 의하여 상해上海에 가서 비밀공작을 진행하였으며, 1938년 조선의용대 성립 후 요직을 역임하였고, 조선문 간물刊物——『전고戰鼓』를 주편主編하였다.

1940년 동계冬季, 조선의용대 제3지대가 봉명奉命 북상시에 석정동지는 해該 지대 정치지도원과 민족혁명당 중앙 대표의 자격으로 일체 공작을 부책負責 영도하였다. 그가 이투시離渝時['渝'는 중경重慶: 저자]에 우리를 향하여, "금년에는 화북 근거지를 건립하고, 명년에는 동북 근거지를 건립하겠다. 내명년에는 조국에 진입하겠다"고 선서하였다!

조선의용대 제3지대가 화북에 진출한 후 전대全隊의 공작을 무장선전과 적후공작 양종兩種으로 분分하여, 석정동지는 적후공작의 부책인負責人이었다. 그의 세밀한 공작계획 하에서 양년래兩年來의 화북 적후공작은 이미 거대한 수확이 있었다. 공작상, 학습상, 심지어 대인접물상待人接物上, 그는 여러 사람들의 모범이 아니되는 점이 없으므로, 화북의 우리 전체 동지들은 모두 그를 제일 신임하는 영도자로 옹대擁戴하며, 모두 그의 주위에 단결되어 적인을 향하여 영용 간고한 투쟁을 전개하고 있는 것이다.

1942년 5월말, 태항산중太行山中의 마전麻田 반격전에서 석정동지는 불행히도 중탄中彈 수상受傷되어, 무안현武安縣[섭현이 맞음: 저자] 장자령樟子嶺 초지상草地上에 누워서 기동하지 못하게 되었다! 3일을 경과한 후 우리 동지들은 그를 비로소 발견하였다. 그는 유혈이 과도하여, 그를 산록山麓 흑룡동黑龍洞 의원醫院(석굴 속)으로 옮겼을 때는 이미 구치救治의 희망이 없을 때였다. 양일 후, 석정동지는 석동石洞 속에서 죽고 말았다! 그는 임사臨死할 시에 제동지諸同志에게 단결 살적殺敵하기를 유언하였다. 사후死後 중국 군정당국과 제3지대 제동지들은 석정동지와 그와 동시에 순국한 김창화金昌華 동지를 태항산상에 안장하였다.

석정동지는 조선독립과 인류의 해방을 위하여 소유의 정력을 공헌하였고, 일체의 행복과 심지어 최후 일적혈一滴血까지 바쳤다. "나의 청춘은 감옥에서 다 보냈다"고 그는 동지들을 대하여 때때로 말하나, 이 말은 상감傷感의 의미가 아니고 호불개의毫不介意의 태도를 표시한 것이다.

그는 자신의 사생활에 있어서 극히 근엄하고 염결廉潔하였다. 처자가 있으나, 가정의 사정으로 인하여 사업에 구니拘泥할[한] 일이 없다. 그는 나와 호친互親하나, 언제나 혁명문제 외에 사정私情을 말한 일이 없었다. 그는 개성이 굴강한 불굴불요의 의지를 가진 사람으로, 여하히 곤란한 환경 중에서도 저상소침沮喪消沈하는 일이 없다. 즉 감옥 내에서의 일체 행동으로서도 그는 영원히 굴복되지 않는 사람인 것을 알 수 있는 것이다.

그는 특별히 사물의 분석과 공작계획에 능한 사람으로, 화북 적후공작은 즉 그가 포치佈置한 것이다. 그는 열정이 풍부하고 웅변에 능하므로, 그가 등단하여 연설할 때에는 능히 사람을 웃기고 울린다. 평상시 동지들과 같이 좌담할 때에도, 사람들은 자연히 그를 특별히 주의하고 그의 이야기를 재미있게 듣게 된다. 그는 부단히 이론을 학습하고 또 이론을 환경에 능히 개활開活하게 운용할 줄 아는 사람이다. 그러므로 그는 과거 제1기 간부학교 때에 교원이 되기를 원치 않고 학생을 자원하였으며, 또 매번 당내 혹 당외에 이론투쟁이 있을 때마다 그는 구체적 환경에 근거하여 정확한 주장을 천명하였지, 종래 공작 실제의 기성旣成한 조리條理에 구속된 일이 없다. 그의 대인對人의 태도는 겸손하고 화애和靄하다. 특별히 교양과 설복의 능력이 강하므로, 당 내외 사람이거나 남녀노소를 물론하고 누구나 그를 좋아하고, 접근 아니 하는 사람이 없었다. 사람마다 곤란한 문제가 있을 때는 모두 그를 찾아 해결의 방법을 구하였다. 그럼으로 그가 당내 단결과 당외 단결 공작상에 있어서 특별한 천재를 표현하였다.

석정동지는 이미 희생되었다. 그는 신성한 항일전장상에서 죽었고, 그의 피는 중국 항일장사抗日將士의 피와 함께 태항산에 공동이 흘렀다. 그가 죽음으로 인하여 나는 일생 동생사同生死 공환난共患難하던 가장 친밀한 전우를 잃게 됨으로, 인하여 무한한 애감哀感과 원한에 고뇌되어, 시시로 내심으로부터 나오는 눈물을 금할 수 없고, 또 뿐만 아니라 간고한 환경 중에 분투하고 있는 화북 동지들은 가장 우수한 영도인물을 상실하였고, 전 조선혁명진선朝鮮革命陣線은 막대한 손실을 입게 된 것이다.

그가 죽은 후 이미 만 1주년이 되는 금일, 전 세계 반反파시스의 첩보捷報가 분분粉粉히 전하여 오지만, 우리 조선독립운동은 아직도 응유應有의 발전을 하지 못하고 있다. 이러한 때에 그를 추회追懷하며 화북 동지들을 요억遙憶할 때에 사람으로 하여금 무한한 감개를 금치 못하게 한다. 그러나 동시에 우리들은 또 후사자後死者의 중대한 책임을 느끼게 된다. 즉, 우리들은 오직 석정동지의 혁명정신을 학습하고 그의 혈적血跡을 밟아 전진하여, 그의 미완성한 유업遺業을 완성할 뿐이다.

- 『앞길』 제32기(1943년 6월 15일), 2~3쪽.

석정동지를 추도함 石正同志 追悼

사론 社論

위대한 우리 조선 민족해방전사—석정동지는 거년去年 5월 말에 북중국 태항산상에서 적과 전투하다가 불행히 중탄中彈하여 6월 3일에 순국하였다. 그가 순국한 후 1년이 지난 이때에 후방에 있는 우리들은 비로소 그의 순국한 경과를 자세히 알고 공동이 추도회를 거행하게 된다.

석정동지는 우리 조선혁명의 가장 우수한 영도인물의 하나이며, 더욱 그는 조선민족혁명당의 창조자의 하나인 동시에 본당 중앙 총서기 김약산 동지의 동감고同甘苦 공환난共患難한 가장 친밀한 전우이다. 그는 어릴 때부터 조선혁명에 종사하였으며, 그가 18세의 소년시대에 있어서 유명한 조선의열단 제1차 사건으로 인하여 피포被捕되어 최후 심판하는 날 법정에서 발표한 그의 열변은 영원히 조선사람의 애국열혈을 약동케 하고 있다.

민족혁명당이 창립된 후에 그는 당의 건전한 발전을 위하여 정확한 이론과 견결한 실천을 통하여 일면으로 당내·당외의 각종 부정확한 경향과 철저하고 무자비한 투쟁을 진행하면서 또 일면으로는 당의 단결을 확보하고 나아가 우리의 신성한 임무―전민족 총단결을 위하여 최대의 노력을 다하였다. 1940년 동冬 조선의용대 제3구대가 화북으로 진출한 후 그의 정확한 영도의 엄밀한 계획을 통하여 화북 적후공작은 거대한 발전을 획득하였고 또 이로 인하여 관내關內 조선혁명의 생동한 역량은 점차 출현하고 있다.

석정동지는 불행히 희생되었다. 조선혁명과 인류의 해방을 위하여 일생 분투하던 그는 그의 최후의 열혈을 위대한 중국전우와 함께 신성한 중국의 항일전장상에 뿌리고 말았다. 1942년 6월 3일, 태항산은 영원히 우리 가슴 속에 잊지 못할 원한의 기억으로 남을 것이다. 조선 혁명자와 중국 항일장사의 피가 응결되는 태항산 초원에서 해마다 피는 꽃은 장차 중한 양 민족의 영원한 합작과 승리와 자유와 행복을 상징할 것이다. 공동한 적 일본 파시스 강도를 박멸하기 위하여 이역異域 사장沙場에서 그가 전사한 것은 다만 그의 개인의 광영일 뿐 아니라 실로 우리 조선민족의 광영이요 또 중국항전의 광영이다.

그러나 그의 죽음으로 인하여 화북 우리 동지들은 자기들의 가장 신임하며 옹대擁戴하던 영도자를 상실하였다. 우리 전全 조선혁명운동은 무가보구無可報救할 손실을 받게 된 것이요. 또 중국의 항일장사는 자기의 충실한 국제전우를 잃게 된 것이다. 그러므로 전체 화북 동지들은 그의 피 뿌린 곳에 그들의 뜨거운 눈물을 흘리고 있으며, 중국전우들도 그를 추도하면서 그의 평생 사적事蹟을 자기들의 사책史冊에 표창하고 있다. 대후방大後方에 체류하고 있는 우리들은 그가 생시에 우리와 같이 공작하며 같이 고생하며 같이 거처하던 대불단大佛段 대본부隊本部에서 북으로 태항산을 바라보고 멀리 화북 동지들을 의념依念하면서 그이 영혼을 위조慰弔할 때 우리는 무한한 애감哀感과 내심으로부터 분출하는 열루熱淚를 억제할 수 없다.

사람은 감정적 동물이다. 우리가 그의 죽음을 위하여 우는 것도 당연한 일이요 슬퍼하는 것도 당연한 일이다. 그러나 우리는 혁명자이다. 우리의 우는 것은 감정을 위하여 우는 것보다 혁명을 위하여 우는 것이요, 우리가 슬퍼하는 것도 감정을 위하여 슬퍼하는 것보다 혁명을 위하여 슬퍼하는 것이다. 우리의 눈물 속에는 뜨거운 피가 교류하고, 우리의 슬픔 속에 이지理智와 용기가 포함되고 있다. 그러므로 우리는 사자死者를 위하여 비상悲傷하면서 그의 유업을 완성할 후사자後死者의 책임이 중대한 것을 깊이 각오하여야 할 것이다.

석정동지가 순국한 후 1년이 지난 이때에 동맹국의 반파시스전쟁은 이미 대결전大決戰 관두關頭에 진입하였고, 전 세계는 큰 폭풍우의 전야에 처하고 있다. 그러나 우리 조선혁명운동은 아직도 간난艱難한 도경途逕 중에서 중첩한 험조險阻를 경력經歷하고 있다. 물론 이것은 우리의 객관적 환경의 관계보다도 오히려 우리의 주관노력이 부족한 데 원인이 있는 것이다. 그러므로 우리는 오직 부단히 자신에 대한 반성으로 석정동지를 향하여 학습하며 그의 혈적血跡을 밟으면서 용감히 전진하여, 그의 유업을 완성하는 동시에 그의 원수를 갚아야 할 것이다.

석정동지는 어릴 때부터 죽을 때까지 조선혁명을 위하여 소유所有의 힘을 다 공헌하였다. 그의 일생은 환난곤궁의 일생인 동시에 분투노력의 일생이다. 백절불굴은 그의 용기이며, 강의견결剛毅堅決은 그의 의지이며, 정충불이貞忠不貳는 그의 지조이며, 정확명석은 그의 이론이며, 세밀주도는 그의 공작계획이며, 겸허화애謙虛和藹는 그의 대인접물待人接物이며, 폭포수와 같은 것은 그의 웅변이며, 불꽃같은 것은 그의 열정이다. 누구든지 혁명에 대하여 불충실하며 공작에 나태하며 민족을 위하여 희생하는 데 주저하는 자는 석정동지를 한 번 생각할 때 자연 참괴하며 회오할 것이다.

석정동지는 이미 죽었다. 그러나 그는 영원히 우리 3천만 민중의 마음 속에 살아있다. 그는 과연 죽지 않았다. 그가 이 세상에 머물기는 42년에 지나지 않았으나, 그의 영명英名은 영수천고永垂千古할 것이다.

– 『앞길』 제32기(1943년 6월 15일), 1쪽.

윤세주의 삶과 자취

1900. 6. 24	경상남도 밀양군 성내 노하골(현 밀양시 내이동 880번지)에서 출생
1910. 4	4년제 밀양공립보통학교 입학
1910. 11. 3	'천장절'에 김원봉 등과 함께 일장기 모독 의거 감행
1911	김원봉이 조직한 연무단에 가입하여 활동하고, 단군개천일에 시가행진
1914. 4	밀양공보 졸업하고 서울 오성학교(3년제 중등과정) 입학
1917. 3	오성학교 졸업
1917~1918	광복회 활동에 가담(추정)
1918. 9. 1	하소악(1901년생)과 결혼
1919. 3	밀양 3·13 만세시위를 기획하여 준비를 주도하고 시위현장 지휘 후 피신
1919. 3~ 1919. 6(추정)	독립신문 경남지국장이 되어 3종 지하신문의 기사 편집 후 배포 방식으로 항일선전공작
1919. 4. 14	부산지방법원 밀양지청에서 궐석재판으로 징역 1년 6월형 선고
1919. 7(추정)	윤치형과 함께 만주로 탈출.
1919. 7(추정)	길림성 유하현 고산자의 신흥무관학교(속성과정)에 입학(미확증)
1919. 11	길림에서 의열단 창립에 참여

1919. 12	의열단이 기획한 국내 적기관 총공격 거사의 실행요원이 되어 선발대로 밀입국
1920. 6. 16	서울 인사동에서 거사 행동계획을 동지들과 밀의 중 피체
1921. 6. 21	경성지방법원에서 7년 징역형 선고. 궐석재판 선고형도 가중
1923	경성감옥 투옥 중 일본 와세다대학 문학과 통신강의록 구독 수강
1927. 2. 7	형기 일부 감형으로 출옥하여 귀향
1927. 4	밀양청년회 집행위원. 10월에 집행위원장 피선
1927. 12	신간회 밀양지회(회장 황상규) 창립에 참여하여 조직부 총무간사로 피선. 이후 지회 활동에서 중심적 역할 수행
1928. 2. 5	부산에서 경남기자대회에 참석하여 '전민족적 정치투쟁'에 관해 열변
1928. 7	밀양청년동맹 초대 집행위원장 피선. 회원 연령제한 규정을 들어 8월 11일에 사퇴
1928. 12~ 1931(추정)	부산의 경남인쇄주식회사 이사. 이면에서 학생운동과 노동운동을 지원
1928	부산의 사촌형 윤정호 집으로 일시 이주
1929. 3. 11	아들 용문(호적명 남선) 출생
1929. 9~ 1931. 9(추정)	중외일보(사장 안희제)의 (영업국 서무부장으로) 경영에 참여
1930. 4. 12	밀양 조일극장에서 열린 제5회 경남기자대회에서 축사
1930. 9. 19	부친 윤희규 별세
1931. 9	황상규 사회장 거행을 주관
1932. 5(추정)	중국으로 망명

1932. 6~1932. 7	봉천(현 심양)에서 지내며 이육사와 친교. 천진과 북경을 다녀옴
1932. 9	남경으로 가서 김원봉과 해후
1932. 10~1933. 4	의열단의 조선혁명군사정치간부학교 제1기 재학
1933. 6	의열단 제7차 정기대표대회에 참석
1933. 9~1934. 4	조선혁명군사정치간부학교 제2기 정치과 교관. 졸업식에서 훈화
1934. 4	한국대일전선통일동맹 상무위원(6인) 피선
1934. 4~1935. 10	의열단 간부학교 졸업생 관리 책임자가 되어 진로 및 특파 공작을 지도
1934. 6	상해 주재 코민테른 원동국 대표 파벨 미프와 회견
1935. 2	한국대일전선통일동맹 제3차 대표대회에 의열단 대표로 참석. 선전부 상무위원 피선
1935. 4~1935. 9	조선혁명군사정치간부학교 제3기 정치과 교관. 입학식에서 훈화
1935. 6. 20~7. 3	남경에서 개최된 조선혁명단체 대표대회 예비회의 및 본대회의 의열단 대표, 신당창립 대표위원회 위원
1935. 7. 5	민족혁명당 창립대회에서 중앙집행위원(15인) 피선. 중앙서기부(서기장 김원봉) 부원과 선전부원을 겸직
1935. 10	민족혁명당 훈련부장 및 당 군관특별훈련반 교관직 수임
1935. 10~	민족혁명당『당보』(순간) 발간 실무 주관
1935. 늦가을	광동성 광주로 가서 민족혁명당 선전활동
1936. 1	당 기관지『민족혁명』제1호에 필명 '석생'으로「우리 운동의 새 출발과 민족혁명의 창립」을 기고 게재
1936. 4. 27	모친 김경이, 밀양에서 별세

1936. 9~1936. 11	광주로 가서 민혁당 화남지부의 반당사태 조사하고 수습
1937. 1	민족혁명당 제2차 전당대표대회에서 중앙집행위원 재선. 신설된 자금위원회 주임직 수임
1937. 3~	민족혁명당 소식지 겸 논설지 『앞길』(주간)의 편집에 깊이 관여
1937. 봄	사람을 보내어 부인과 아들을 남경으로 데려감. 이후 화로강 호가화원에서 거주
1937. 8~10	상해로 가서 비밀당원들의 대일본군 공작 지도. 상해방송국에서 약 20일간 일본인과 국내민중에 대한 심리전방송에 출연
1937. 11	남경에서 조선민족전선연맹 결성시 간사(5인)로 선임. 그 직후 무한으로 철수
1938. 1~1938. 5	호북성 강릉에서 중국 중앙육군군관학교 성자분교 특별훈련반 제6기의 조선학생대 정치교관. 이때 항일가요 「최후의 결전」을 작사
1938. 5	조선민족혁명당 제3차 전당대표대회에서 중앙집행위원 재선. 최창익파와 노선 논쟁
1938. 6	무한으로 이동하여 한구시 구 일본조계에 주둔
1938. 10. 10	한구에서 조선의용대 창설. 본부 정치조 부조장 겸 훈련수임 수임
1938. 11	조선의용대 본부의 무한 철수에 동행하여 계림으로 이동
1939. 2~	강홍구와 함께 귀주성 진원의 국민정부 군정부 제2포로수용소(화평촌)로 가서 한인포로 31명 교도공작. 그 경과보고문(「화평촌 통신」)을 『조선의용대 통신』 제7기부터 제10기까지 4회 연재

1939. 여름	한인포로들의 제2포로수용소 중경분소(박애촌) 이송에 따라 중경으로 가서 일시 체류
1939. 8~1939. 9	사천성 기강에서 열린 조선혁명운동 7단체 통일회의에 조선민족혁명당 대표로 참석
1939. 10~	조선의용대 총대부 편집위원회 한문간 주편위원이 되어 국한문판 기관지『전고』발간을 주관
1940. 3	조선의용대 총대부의 계림 철수에 동행하여 중경으로 가서 남안 탄자석 손가화원에 거류
1940. 10	조선민족혁명당 제5차 전당대표대회에서 중앙집행위원 재선, 선전부장 수임
1941. 1	조선민족혁명당 화북특파원이 되어 조선의용대 제3지대의 북상항일 대오를 이끌고 중경을 떠나 화북행
1941. 2	낙양 도착. 북상한 조선의용대 제1지대와 제3지대 혼성의 신편지대 정치위원 취임
1941. 3~1941. 6	황하 도하 후 하북성 임현으로 가서 국민당 방병훈부대와 합동으로 대일본군 유격선전공작
1941. 7	조선의용대의 북상병력 전체를 이끌고 팔로군의 태항산 항일근거지로 진입. 산서성 요현 동욕진 상무촌을 주둔지로 정하고 화북지대로 개편
1941. 8~1941. 10	조선의용대 간부훈련반(화북조선청년학교)의 정치교관이 되어 신입대원 교육
1941. 11~ 1942. 3(추정)	화북조선청년연합회 진기예변구지회 부지회장을 수임하고 진광화와 함께 적후공작을 지도
1941. 12~	상무촌에서 여성현 황애동진 간후촌으로 본거지 이동
1942. 2	요현 마전진 운두저촌으로 본거지 재이동

1942. 5. 28	태항산 반소탕전에서 조선민족혁명당원과 조선의용대 비전투요원 대오를 보호 인솔하며 이동 중에 장자령에서 일본군에 피격
1942. 6. 3	하북성 섭현 편성진 지경의 화옥산에서 사망 순국
1942. 7. 25	중공중앙 북방국 및 제18집단군 야전정치부에서 「조선의용대 석정·진광화 등 7열사 기념에 관한 결정」을 공포하고 실행지침을 예하기관에 시달
1942. 10. 10	중공중앙 북방국 및 제18집단군 야전정치부 주관으로 유해가 수습되어 섭현 석문향 석문촌의 연화산에 안장되고 묘소 및 비석 건조됨
1943. 6	중경에서 조선민족혁명당의 추도식과 각 당파·단체 합동의 추도회 거행
1950. 10. 21	묘소가 하북성 한단시의 진기로예 열사능원으로 옮겨져 재안장
1982. 8. 15	대한민국 정부로부터 건국훈장 국민장(현 건국훈장 독립장) 추서

참고문헌

자료

• 『동아일보』, 『매일신보』, 『조선일보』, 『조선중앙일보』, 『중외일보』, 『황성신문』.

• 『각사등록(근대편)』.

• 『대한제국관원이력서』, 국사편찬위원회, 1971.

• 『반민특위 재판기록』 제9권, 다락방 영인본, 1993.

• 『신세대』 1946년 5월호.

• 『신천지』 1946년 3·5·6월호.

• 『앞길』 제32기, 1943.

• 『장백산』 113호, 2000.

• 「무송윤씨 밀양파 세계보」(필사본), 1985.

• 「전우 증언(한단시와 태항산을 다녀와서)」(프린트본).

• 국가보훈처, 『국외독립운동사적지 실태조사보고서』 II, 2002.

• 국가보훈처·독립기념관, 『국외독립운동사적지 실태조사보고서』 12, 2012.

• 국가보훈처 편, 『해외의 한국독립운동사료』(VIII), 1993.

• 국가보훈처 편, 『독립유공자 증언자료집』 제1권, 2002.

• 국사편찬위원회 편, 『한국독립운동사 자료』 3·5, 1968.

• 국사편찬위원회 편, 『한민족독립운동사자료집』 30·46, 1997·1999.

• 국사편찬위원회 편, 『대한민국임시정부 자료집』 37, 2009.

• 국회도서관 편, 『한국민족운동사료(중국편)』, 1976.

• 김성룡, 『불멸의 발자취』, 북경 민족출판사, 2005.

• 독립기념관 한국독립운동사연구소 편, 『중국신문 한국독립운동기사집(I)-조

선의용대(군)』, 2008.
- 독립운동사편찬위원회, 『독립운동사자료집』 제4·6·11집, 1973·1976.
- 楊昭全 외 편, 『해외의 한국독립운동사료』(V)·(VI), 국가보훈처, 1992.
- 윤명화, 「윤세주 독립운동과 가족배경」(수고), 1993.
- 윤형상 편, 『무송윤씨 대동보』, 회상사, 2005.
- 《조선의용군 발자취》 집필조, 『중국의 광활한 대지 우에서』, 연변 인민출판 사, 1987.
- 최봉춘 편역, 『조선의용대 혈전실기』, 밀양문화원, 2006.
- 추헌수 편, 『자료 한국독립운동』 I~III, 연세대학교 출판부, 1972.
- 한민회 편, 『불멸의 민족혼』, 윤세주·이원대열사기념사업회, 2003.
- 한홍구·이재화 편, 『한국민족해방운동사자료총서』 제3권, 경원문화사, 1988.
- 『八路軍』, 北京: 中體音像出版中心, 2005.
- 尙榮生 主編, 『晉冀魯豫抗日殉國烈士公墓·朝鮮義勇軍烈士紀念館』, 邯鄲: 中國文史出版社.
- 楊洁 責任編輯, 『北京 天津 河北 山西 山東 高速公路及城鄕公路網地圖集』, 福州: 福建省 地圖出版社, 2007.
- 楊昭全 等 編, 『關內地區朝鮮人反日獨立運動資料滙編』(下), 瀋陽: 遼寧 民族出版社, 1987.
- 陳廣台, 「關于石正烈士犧牲與安葬情況的初步調查」(필사본), 1993.
- 太行革命根據地史叢編委會, 『太行革命根據地史稿』, 山西 人民出版社, 2007.
- 「京高特秘 第1710號, 朝鮮義勇隊ニ關スル件」, 1939.
- 「大正十年 刑公 第254·255·256·257號 判決」, 1921.
- 『早稻田大學 文學科講義』, 제34회 제1호~제5호, 1923.
- 慶尙北道警察部, 『高等警察要史』, 1934 ; 류시중·박병원·김희곤 역주, 『국역 고등경찰요사』, 선인, 2010.

- 金正明 編, 『朝鮮獨立運動』 II, 東京 : 原書房, 1967.
- 社會問題資料研究會 編, 『思想情勢視察報告集』 제2·3·9집(복각본), 京都: 東洋文化社, 1976.
- 日本 內務省 警保局 保安課, 『特高月報』, 고려서림 복각본, 1991.
- 日本 司法省 刑事局, 『思想月報』, 국가보훈처 편집본, 2011.
- 朝鮮總督府 警務局, 『國外ニ於ケル容疑朝鮮人名簿』, 1934.
- 朝鮮總督府 警務局 圖書課, 『新聞總覽』, 1930.
- 朝鮮總督府 警務局 保安課, 『高等警察報』 제1호~제6호, 1933~1936.
- 朝鮮總督府 高等法院 檢事局 思想部, 『思想彙報』 제1호~제22호, 1934~1940.
- 中村資良, 『朝鮮銀行會社組合要錄』, 東亞經濟時報社, 1929·1931·1933·1935·1937·1939.

단행본

- 강만길, 『조선민족혁명당과 통일전선』, 화평사, 1991.
- 강만길 편, 『밀양의 독립운동사』, 밀양문화원, 2003.
- 강만길·성대경 엮음, 『한국사회주의운동인명사전』, 창작과비평사, 1996.
- 郭沫若(박정일·정재진 역), 『홍파곡: 중국문호 곽말약 자서전』 4, 일월서각, 1994.
- 광신 90년사 편찬위원회, 『광신 90년사』, 광신중·고·상업고등학교, 1995.
- 권대웅, 『1910년대 국내독립운동』, 독립기념관 한국독립운동사연구소, 2008.
- 김대상, 『부산경남언론사연구』, 대왕문화사, 1981.
- 김민환, 『한국언론사』, 나남출판, 1996.
- 김영범, 『한국 근대민족운동과 의열단』, 창작과비평사, 1997.
- 김영범, 『의열투쟁 I-1920년대』, 독립기념관 한국독립운동사연구소, 2009.
- 김영범, 『혁명과 의열-한국독립운동의 내면』, 경인문화사, 2010.

• 김학철, 『격정시대』 1 · 2 · 3, 풀빛, 1988.
• 김학철, 『최후의 분대장 – 김학철 자서전』, 문학과지성사, 1995.
• 김호웅 · 김해양, 『김학철 평전』, 실천문학사, 2007.
• 김홍일, 『대륙의 분노 : 노병의 회상기』, 문조사, 1972.
• 김희곤, 『이육사 평전』, 푸른역사, 2010.
• 대한언론인회, 『한국언론인물사화 : 8 · 15 전편』(상), 1992.
• 류연산, 『불멸의 영혼 최채』, 재외동포재단, 2008.
• 밀양군, 『미리벌의 얼』, 1983.
• 밀양지 편찬위원회 편, 『밀양지』, 밀양문화원, 1987.
• 박창욱 주편, 『조선족 혁명열사전』 제1집, 심양 : 료녕 인민출판사, 1983.
• 박태원, 『약산과 의열단』, 백양당, 1947.
• 변지섭, 『경남 독립운동 소사』, 삼협출판사, 1966.
• 서중석, 『신흥무관학교와 망명자들』, 역사비평사, 2001.
• 손정태, 『민족혁명당의 영혼, 독립투사 석정 윤세주 열사』, 밀양신문사 출판
  국, 2002.
• 손정태, 『항일독립운동의 선구자, 약산 김원봉 장군』, 밀양문화원, 2005.
• 신용하, 『일제강점기 한국민족사』(상) · (중), 서울대학교 출판부, 2001 ·
  2002.
• 楊昭全 · 이보온, 『조선의용군 항일전사』, 도서출판 고구려, 1995.
• 염인호, 『김원봉 연구』, 창작과비평사, 1993.
• 염인호, 『조선의용군의 독립운동』, 나남출판, 2001.
• 염인호, 『조선의용대 · 조선의용군』, 독립기념관 한국독립운동사연구소,
  2009.
• 이균영, 『신간회연구』, 역사비평사, 1994.
• 이동언, 『독립운동 자금의 젖줄, 안희제』, 역사공간, 2010.
• 이원규, 『약산 김원봉』, 실천문학사, 2005.
• 이정식 · 한홍구 엮음, 『항전별곡』, 거름, 1986.

• 이종률, 『민족혁명론』, 도서출판 들샘, 1989.

• 이종범, 『의열단 부단장 이종범전』, 광복회, 1970.

• 정진석, 『한국언론사』, 나남출판, 1990.

• 중국조선족역사족적편집위원회 편, 『결전』, 북경 민족출판사, 1991.

• 친일인명사전 편찬위원회, 『친일인명사전』 1~3, 민족문제연구소, 2009.

• 한상도, 『대륙에 남긴 꿈 : 김원봉의 항일역정과 삶』, 역사공간, 2006.

• 한상도, 『대한민국임시정부 II-장정시기』, 독립기념관 한국독립운동사연구
  소, 2008.

• 金雲龍, 『金九評傳』, 沈陽 : 遼寧 民族出版社, 1999.

논문

• 강대민, 「일봉 김대지의 항일독립운동」, 『부대사학』 제19집, 1995.

• 김덕균, 「윤세주의 항일가요 '최후의 결전'에 대하여」, 『한국음악사학보』 제7
  집, 1991.

• 김승, 「한말·일제하 밀양지역 민족운동과 사회운동」, 『지역과 역사』 15호,
  2004.

• 김영범, 「조선의용대 연구」, 『한국독립운동사연구』 제2집, 1988.

• 김영범, 「윤세주의 국내 항일투쟁과 의열단운동」, 『한국민족운동사연구』 29,
  2001.

• 김영범, 「중경 임시정부하 1942년의 군사통일」, 『백범과 민족운동 연구』 제1
  집, 2003.

• 김영범, 「1940년대 초 재중국 '민족좌파'의 임시정부 참여 재론」, 『백범과 민
  족운동 연구』 제7집, 2009.

• 김영범, 「의열단·민족혁명당·조선의용대의 영혼, 석정 윤세주 열사」, 『조선
  의용대(군)와 석정 윤세주』, 독립기념관 한국독립운동사연구소·(사)석정윤세
  주열사기념사업회, 2011.

• 김재승, 「잊혀진 항일투사 박문호의 행적과 투쟁」, 『문화전통논집』 제16집,

경성대학교 한국학연구소, 2009.
- 김주용, 「중국 언론에 비친 조선의용대」, 『사학연구』 104호, 2011.
- 김춘복, 「석정 윤세주의 생애와 사상」, 『밀양문학』 제14집, 2001.
- 尙榮生, 「조선의용군의 재인식과 재평가」, 『조선의용대(군)와 석정 윤세주』, 독립기념관 한국독립운동사연구소·(사)석정윤세주열사기념사업회, 2011.
- 염인호, 「해방 전후 민족혁명당의 민족통일전선운동」, 『역사연구』 창간호, 1992.
- 염인호, 「조선의용대와 윤세주」, 『조선의용대(군)와 석정 윤세주』, 독립기념관 한국독립운동사연구소·(사)석정윤세주열사기념사업회, 2011.
- 윤종일, 「일우 구영필(1891~1926)의 생애와 독립운동」, 『한국사상과 문화』 제60집, 2011.
- 이성우, 「대한광복회 만주본부의 설치와 활동」, 『호서사학』 제34집, 2003.
- 장세윤, 「조선의용대의 조직 편성과 구성원」, 『한국근현대사연구』 제11집, 1999.
- 정진석, 「백산 안희제의 중외일보를 통한 항일언론」, 『국학연구』 제5집, 2000.
- 조혜숙, 「윤세주의 민족통일전선론 연구」, 고려대학교 석사학위논문, 1996.
- 최기영, 「이두산의 재중독립운동」, 『한국근현대사연구』 제42집, 2007.
- 최봉춘, 「석정 열사의 항일투쟁사」, 『석정 윤세주 열사의 생애와 독립정신』(순국선열 석정 윤세주 열사 탄신 100주년 기념 국제학술회의 발표문집), 밀양문화원, 2001.
- 최봉춘, 「조선의용대의 창설과 활동 보유」, 『한국독립운동사연구』 제25집, 2005.
- 최봉춘, 「석정 열사와 조선의용대(군)의 동지들」, 『조선의용대(군)와 석정 윤세주』(한국독립운동사연구소·석정윤세주열사기념사업회 공동주최 국제학술회의 자료집), 2011.
- 한홍구, 「태항산에 묻힌 혁명가 윤세주(석정)」, 『역사비평』 창간호, 1988.

· 尙榮生, 「中韓太行山血盟的歷史見證－朝鮮義勇軍太行遺蹟調查報告」, 독립기념관 · 석정윤세주열사기념사업회 · 심양 '9 · 18' 역사박물관, 『한중수교 20주년 기념《조선의용대(군)과 한중 공동항일투쟁》학술교류』(자료집), 瀋陽, 2012.

찾아보기

ㅇ

의열단·민족혁명당·조선의용대의 영혼 윤세주

1판 1쇄 인쇄 2013년 10월 1일
1판 1쇄 발행 2013년 10월 10일

글쓴이   김영범
기 획   독립기념관 한국독립운동사연구소
펴낸이   김능진
펴낸곳   역사공간
         서울시 마포구 서교동 463-31 플러스빌딩 3층
         전화 : 02-725-8806~7, 팩스 : 02-725-8801
등록   2003년 7월 22일 제6-510호
ISBN 978-89-98205-25-6 03900

역사공간이 펴내는 '한국의 독립운동가들'

독립기념관은 독립운동사 대중화를 위해 향후 10년간 100명의 독립운동가를 선정하여,
그들의 삶과 자취를 조명하는 열전을 기획하고 있다.